リーマン危機 10 年後の世界経済とアベノミクス

工藤　晃
Akira KUDOU

リーマン危機10年後の世界経済とアベノミクス

目　次

まえがき |7|

第1章　リーマン危機10年後の世界経済とアベノミクス

Ⅰ　リーマン危機10年をすぎた |17|
（1）米金融業界は政治的、経済的、法的代償を払わなかった
（2）新しいシャドウバンキングの急成長

Ⅱ　リーマン危機後の新興金融業急成長の謎 |19|
（1）イングランド銀行報告書の巨大複合型金融機関リスト
（2）サブプライム関連損失の主要金融機関リスト
（3）チューリッヒ研究チームの多国籍企業支配の金融セクター企業リスト

Ⅲ　"新たな金融業覇者"ブラックロック |26|
（1）ブラックロックは米金融業界のどこから出てきたのか
（2）ブラックロック等は米産軍複合体再構築のためのM&A推進の主力
（3）ブラックロック等はトランプ追ずいの安倍政権の米兵器爆買いで大もうけ

Ⅳ　米ブラックロックと日本のGPIFとの結びつき |30|
（1）ブラックロックは日本株保有額でGPIFに次ぐ2位に
（2）ブラックロックはGPIF内部に深く入りこむ
（3）ブラックロックとGPIFとの詳細な関係が明らかにすること

Ⅴ　日本銀行の日本株買い |39|
（1）日本の90年代金融危機時における日銀の日本株買入れ
（2）黒田日銀総裁の上場投資信託の爆買い
（3）日銀とブラックロック等との日本株式市場での株価ゲームのわな
（4）2018年第4四半期に米国株式市場から日本株式市場へ激震が走った

Ⅵ　トランプ大統領のインサイダーグループ　|41|

　Ⅶ　終りに――日本は主要国のなかで労働者の時間当たり賃金が20年前と比べてマイナスとなった唯一の国　|44|

第2章　多国籍企業の税金逃れ目的の"企業構造複雑化問題"

　Ⅰ　多国籍企業のグローバル・バリュー・チェーン　|49|

　Ⅱ　グローバル・バリュー・チェーンの展開と各国貿易構成内容の変化　|50|

　Ⅲ　世界総人口の0.7％を占めるにすぎない地域に多国籍企業の活動拠点が　|53|

　Ⅳ　財務省の「最終投資家ベース」での対日直接投資残高公表のねらいは何か　|57|

　Ⅴ　多国籍企業の税金逃れ目的の構造複雑化問題　|60|

　Ⅵ　多国籍企業の税金逃れ、どこから打開してゆくか　|68|

第3章　1965年日韓基本条約の歴史的背景と安倍晋三政治の源流

　Ⅰ　戦後日本の経済拡大は朝鮮戦争〝特需〟からはじまった　|73|

　Ⅱ　1965年日韓基本条約とアメリカのベトナム侵略戦争　|75|

　Ⅲ　1962年11月の大平正芳外相と金鐘泌KCIA部長会談の謎　|80|

　Ⅳ　戦後アメリカのアジア戦略と旧日本戦犯勢力とのつながり、安倍晋三政治の源流　|82|

第4章　「マルクス『資本論』の方法」への追記

　はじめに　|87|

　Ⅰ　労働生産物の商品形態――労働生産物から商品への道　|88|

　（1）それは異なる共同体のあいだでの直接的な生産物交換から始まる

　（2）商品分析の対象におかれる商品

　（3）マルクスの商品分析には、ヘーゲル論理学の分析論がある

(4) マルクスの商品分析は、「有論」の質的規定の考察の後に「本質論」の規定の考察へと進む。そこにはヘーゲル「本質論」の大きな特徴が見られる

Ⅱ　商品の価値形態——商品から貨幣への道　|93|
　(1) マルクスは、もっとも簡単な価値形態のなかに貨幣形態の秘密が含まれていることを明らかにする
　(2) マルクスは、発生論的推論により、商品から貨幣が生まれる道を明らかにしている
　(3) マルクスの商品分析にはヘーゲル「本質論」の本質規定の第1段階がかくされているが、価値形態の分析にはその第2段階がかくされている

Ⅲ　資本——貨幣の資本への転化　|96|
　(1) 貨幣は資本の最初の現象形態である
　(2) もしG－WのGとW－GのGとが同額ならば、このような循環の運動はおこりえない
　(3) マルクスは、直接に流通部面に現れる資本の一般的定式であるとするG－W－G′にもとづいて、ヘーゲル「本質論」における同一性、区別、矛盾、その止揚＝根拠、実存という弁証法的展開の考察をおこなっている
　(4) 資本は流通部面と生産部面とをあわせてもつから、資本の一般的定式はG－W（A，Pm）…P…W′－G′であらわされる

Ⅳ　資本一般の研究から資本の総過程（現実の運動）でとる具体的諸形態の研究へ——「資本論」第1部、第2部から第3部への展開　|99|
　(1) マルクス自身が語る「資本論」のなかの最良の二つの点
　(2)「資本論」第3部から資本の総過程でとる具体的諸形態の研究の内容が展開される
　(3)「資本論」第2部では剰余価値の利潤への転化の中間項が明らかにされている

　おわりに　|108|

第5章　「マルクスの恐慌論を考える」への追記

Ⅰ　マルクスのリカードウの過剰生産否定論批判から　|113|
Ⅱ　マルクスのリカードウの蓄積論批判から　|114|

Ⅲ　マルクスは「経済学批判要綱」(「1857－58年の経済学草稿」)のなかで資本の流通過程を考察し、資本の必然的傾向は流通時間なき流通であることを明らかにしている　|115|

Ⅳ　『資本論』第2部「資本の流通過程」、第2章「生産資本の循環から」　|116|

Ⅴ　第3章「商品資本の循環」から　|117|

Ⅵ　再生産的資本家が互いに与えあう信用は商業信用──それは信用制度の土台である　|119|

Ⅶ　「資本論」のなかの産業循環にかんする記述から　|120|
　(1) 第1部「第13章　機械と大工業」
　(2) 第1部「第23章　資本主義的蓄積の一般的法則」
　(3) 第2部「第9章　前貸資本の総回転。回転循環」
　(4) 第3部「第22章　利潤の分割、利子率」
　(5) 第3部「第30章　貨幣資本と現実資本Ⅰ」

Ⅷ　第2部　第3篇の考察の前提と産業循環の局面　|124|

付録　実体経済と信用の世界との対比　|126|

まえがき

第1章について

　21世紀に入ってから世界資本主義は大変動の局面に入り、第2次大戦後最大の世界経済危機をひきおこした。筆者は、これまでリーマン危機とその後の世界経済の動向を追ってきたが、この一文はそれにつづく調査レポートである。

　これまでの多国籍企業にかんする統計——米商務省経済分析局、UNCTADなどの——では、親会社—子会社—孫会社などといったネットワークから多国籍企業の支配の実体がとらえられてきた。しかし、各多国籍企業とさまざまな国際金融資本との関係は十分とらえられなかった。

　今回、スイス連邦工科大学の研究チームによる『グローバルコーポレート・コントロールのネットワーク』の調査結果に注目した。それは、多国籍企業に対する支配のネットワークの中心部に、さまざまな金融機関が存在していることを明らかにしているからである。

　この金融機関リストのなかには、世界的に有名な大銀行——商業銀行、投資銀行、複合型金融機関——が見られることは当然のことと思われる。しかし、その他の金融機関のなかには、バークレイズ、ステートストリートといった大手資産運用会社（AMC）が少なからず見られることに注目した。

　ところで、今日世界の資産運用会社のトップを走るブラックロックの

名が出てこないところから、それがどこから出てきたのか、この謎をとくことからはじめた。すると、ブラックロックは日本のアベノミクスに深くかかわっていることが明らかになってきた。日本国民にとってそのことをめぐる重大な意味をつたえたいと思うようになった。

第2章について

多国籍企業の税金逃れ問題は、OECD（経済協力開発機構）によって80年代から取り上げられるようになった。『「国際的租税回避と脱税」にかんする調査報告書』(1987) などである。

それは、たとえば次のように述べている。「相対的に税の高い国での課税から所得をかくすのは"一次的避難"であるが、その所得を課税をまぬがれるように変身させて納税者へもどすのは"二次的避難"である。ここで重要なことは、タックス・ヘイブンのベース・カンパニーに利益をかくすのは"一次的避難"であって、それにつづいてその利益を姿を変えてもとへもどす"二次的避難"の方法を使うことである。」

ところで、OECDには主要多国籍企業の母国のほとんどが加盟している。そしてOECDのこのような警告から20年たち、30年たっても打開の実績が見られないだけでなく、世界の多国籍企業の税金逃れはますます大規模になってきたことは重大である。

このような情況に対して、UNCTAD（国連貿易開発会議）は最近の『世界投資報告書』(WIR) により、とくに途上国にとっては「持続可能な経済成長」を大きくさまたげる問題であるとして、大きく取り上げるようになった。WIRにより取り上げられている重要な点の第1は、これまでの直接投資（FDI）統計ではとらえられていなかった特別目的会社（SPE）形態で海外子会社の利益をくぐらせることが量的に大きく

なったことである。

　第2は、OECDのタックスヘイブン・リストにはのせられていないオランダやルクセンブルクなどの国が多国籍企業の活動拠点として大きな役割を果たしていることである。

　OECDが30年前からこの問題を取り上げても打開の方向へ動かないことには、このような背景がある。したがって、われわれは国際協調で打開策をとる道を考えるだけでなく、まず日本から多国籍企業の税金逃れを封じる税制改革をすすめていかなければならないと考える。

　このことを強調しておきたい。

第3章について

　筆者は1960年から経済調査の仕事をつづけるようになり、今日にいたっている。

　60年代当時の現状分析として、もっとも注目してきたのは以下のような点であった。

　それは、朝鮮戦争、サンフランシスコ体制、60年安保とその"日米経済協力"の展開をつうじて現れた次の3点である。

　第1に、米国のアジア戦略遂行のため、日本の旧戦犯勢力を手下にして利用するようになったこと。

　第2に、米国のアジアでの戦争のため、日本の軍需産業を大々的に動員するようになったこと。

　第3に、ベトナム戦争とともにドル危機の局面がはじまると、米国のアジア戦略のための資金を日本からもっと出せと圧力を強めるようになったこと。

1965年の日韓基本条約についていうと、米国はベトナム戦争へ大勢の韓国軍を出兵させるため、日本に対しては韓国に多額の資金を出させることで日韓両国に基本条約をむすばせるという米国の筋書きのもとすすめられてきた。

　またこの時、米国のこの筋書き進行の下地を実際につくったのは、早くからGHQにやとわれていた日本の旧戦犯児玉誉士夫と韓国のKCIAであった。

　今日安倍首相は、戦時中の朝鮮人徴用工問題について、それは1965年の日韓基本条約で解決ずみであるなどといってはねつけている。このことは韓国国民にとって許しがたいことであるとともに、日本国民にとっても許しがたいことである。

第4章について

　今回なぜこの文を書いたかについては、第4章のはじめにのところで述べてあるのでそこを見ていただきたい。

　マルクス『資本論』の方法については、井尻正二氏との共著『社会科学と自然科学の方法——「資本論」の方法をめぐって』（大月書店 1977.1）から出発して、その後時々書いてきた。

　ここでは筆者自身ふりかえってみて、この問題で強く思っていることを3点述べておきたい。

1．ヘーゲル『論理学』を読んでいくためには、機会をつくってヘーゲル『哲学史』を読むとわかりやすくなるということ。それはマルクス『資本論』を読んでいくためには、どこかでマルクスの『剰余価値学

説史』を読むとわかりやすくなることに似ているように思っている。

2．ヘーゲルは『哲学史』のなかで、「アリストテレスこそ、もし<u>人類の教師がいるとするならばまずあげられるべきひとりである</u>」と述べている。

マルクスは、『資本論』の第１章「商品」のなかで、「<u>価値形態を、きわめて多くの思考形態、社会形態、および自然形態とともにはじめて分析したあの偉大な探究者</u>にまでわれわれがさかのぼるとき、さらにいっそう理解しやすいものとなる。その人はアリストテレスである」と述べている。

この点については『マルクス「資本論」とアリストテレス、ヘーゲル』(新日本出版社 2011.7)で述べた。

方法論を学ぶためにはアリストテレスから学ぶことも必要だと思っている。

3．ヘーゲル『論理学』や『哲学史』、またマルクス資本論の方法を読んでいくため、レーニンの『哲学ノート』は私にとってこの上もなく大事なガイドブックだったと思っている。

4．以上の点については、筆者の研究ノート「方法論　アリストテレス、ヘーゲル、レーニン」(『21世紀世界経済危機の深部を探る』かもがわ出版 2017.1)に該当する引用文等があるので、参照していただきたい。
(P85〜P134)

第5章について

この文は、「マルクスの恐慌論を考える」(『現代帝国主義と日米関係』第2

章　新日本出版社 2013.7）への追記である。

　筆者にとってマルクス「恐慌論」は、久留間鮫造編『マルクス経済学レキシコン』（大月書店）の⑥恐慌Ⅰ（1972年）、⑦恐慌Ⅱ（1973年）、⑧恐慌Ⅲ（1975年）が出版されたことから、文献の所在だけでなく、この問題を研究するうえでの広範な、数多くの視点を教えられた思いだった。

　今回はあらためてこの問題のあらすじを整理したつもりで書きとめた。

　私はこのところ、意見交換のためのメモ書きをつづけてきた。私の手書きメモに対して、岡部孝次氏はいつも入力し、文章改善の意見を出してもらい、読みやすいパンフに仕上げてもらってきた。
　何編かがたまってから、それらをまとめて本にしようと考えるようになった。ここでこのような共同作業をつづけていただいてきた岡部孝次氏に厚くお礼を申し上げる。
　また、薄木正治氏、佐々木憲昭氏、角田真己氏は、勉強会での意見交換や、資料入手などで数々のご協力をいただいてきた。これら諸氏に厚くお礼を申し上げる。
　本書第4章、第5章についていえば、宮川彰氏からていねいな感想をいただいた。宮川氏に厚くお礼を申し上げる。

　　　　　　　　　　　　　　　2019年5月10日　　　工藤　晃

【著者略歴】

工藤　晃（くどう　あきら）
1926年生まれ。東京大学理学部地質学科卒。経済学者、元衆議院議員。

◎主な著者
『マルクス「資本論」の方法と大混迷の世界経済』（2018年、かもがわ出版）
『マルクス「資本論」の視点で21世紀世界経済危機の深部を探る』（2017年、かもがわ出版、編集責任・宮川彰）
『今日の世界資本主義と「資本論」の視点』（2014年、本の泉社）
『現代帝国主義と日米関係』（2013年、新日本出版社）
『マルクス「資本論」とアリストテレス、ヘーゲル』（2011年、新日本出版社）
『資本主義の変容と経済危機』（2009年、新日本出版社）
『エコノミスト、歴史を読み解く』（2008年、新日本出版社）
『経済学をいかに学ぶか』（2006年、新日本出版社）
『マルクスは信用問題について何を論じたか』（2002年、新日本出版社）
『現代帝国主義研究』（1998年、新日本出版社、第24回野呂栄太郎章）
『混迷の日本経済を考える』（1996年、新日本出版社）
『資本主義はどう変わるか』（1992年、新日本出版社）
『帝国主義の新しい展開』（1988年、新日本出版社）
『日本独占資本の現段階をみる』（1986年、新日本出版社）
『社会科学と自然科学の方法』（1977年、大月書店、井尻正二との共著）
『日本経済と環境問題』（1975年、大月書店）
『民主連合政府で日本はこうなる』（1974年、新日本出版社、上田耕一郎との編著）
『転機に立つ日本経済』（1971年、新日本出版社）

第 **1** 章

リーマン危機10年後の世界経済とアベノミクス

I　リーマン危機10年をすぎた

（1）米金融業界は政治的、経済的、法的代償を払わなかった

　リーマンショックにはじまった戦後最大の世界経済危機については、『資本主義の変容と経済危機：大銀行、多国籍企業は何をしたか』(2009.11)、および『マルクス「資本論」の方法と大混迷の世界経済』(2018.5) の第2章で論じてきた。
　今日すでにリーマン危機10年をすぎている。そして新しい世界経済危機をむかえようとしている。
　リーマン危機10年にあたり、09〜11年米金融危機調査委員長をつとめたアンヘリデス氏は、次のように述べている。
　「私のもっとも重大な心配事は、金融業界がこの不始末に対して本当に政治的、経済的、法的な代償をほとんど払っていないことだ。いまウォール街で起きているのは危機前と一緒だ。」
　「09〜10年に米大手銀行は収益を回復し、経営者の報酬は10年に記録的水準になった。11年までに米大手10行は全米の80％の資産を占めた。
　ウォール街が救われ機能を回復すると、金融業界は将来の危機を防ぐための包括的な自己検証でなく、改革や規制強化への抵抗をはじめた。」
　「AIGを率いたサリバン氏は1820億ドル国家救済を受けながら1億7000万ドルの退職金を得た。シティグループの取締役会議長だったルービン氏は、銀行存続へ450億ドルの資金と3000億ドルの政府保証を受けたシティから1億1000万ドルの報酬を受けた。」（『日経』2018.9.12)

アンヘリデス氏の談話は現状をつたえていると思う。しかし、ただここで、米金融危機調査委員会は、1930年代にウォール街の悪者どもとたたかったフェルナンド・ペコラ氏が率いた「ペコラ委員会」のような役割を果たさなかったことをつけ加えておかなければならないだろう。

（2）新しいシャドウバンキングの急成長

リーマン危機から10年、そして10年をこえた。この間、世界の金融業界が新しい形をとったシャドウバンキングを大きくしてきたことについては前出『マルクス「資本論」の方法と大混迷の世界経済』で述べた。そのなかで、IMF「国際金融安定性報告書」2014年10月が、「資産運用保有高は、今日では少数の巨大マネージャーに集中している。上位10社の資産運用会社（AMCs）がグローバルに19兆ドルを運用するようになった」とつたえていることにもふれた。

その後の過程について見よう。資産運用業のトップ3の資産運用保有額を2015年と2018年と比較すると、その急成長ぶりがわかる。

	2015年末　億ドル	2018年9月末　億ドル
米　ブラックロック	4兆6,454	6兆4,400
米　バンガード・グループ	3兆3,987	5兆1,000＊
米　ステート・ストリート	2兆2,448	2兆7,200＊
3社　計	10兆2,889	14兆2,600

＊2018年6月末

そして、上記の3巨人は、株式運用では世界の1割をにぎる、とのことである。(『日経』2018.10.24)

すなわち、バンガード・グループ3.6兆ドル、ブラックロック3.5兆ドル、ステート・ストリート1.7兆ドル、3社計8兆8000億ドル

(990兆円)、それは東証1部600兆円を上まわり、世界時価総額84.6兆ドル (2018年9月末) の10.4％になる。

II　リーマン危機後の新興金融業急成長の謎

　そこで、リーマン危機直前の世界の金融業界の大物リストから見ることにする。

(1) イングランド銀行のレポート (2007年4月) の巨大複合型金融機関 (LCFI) のリスト

　イングランド銀行"フィナンシャル・スタビリティ・レポート" (2007年4月) は、銀行の新しいビジネス・モデルについて、次のようにつたえている。
　「(2006年に) 固定利回り証券への需要の強まりから、銀行は大量のローンをローン担保証券 (CLO) へ組成することにかりたてられた。
　2006年後期に、世界的に約950億ドルのCLOが発行 (前年同期比35％増) された。この需要を満足させるため、ますます数多くのハイリスクローンのオリジネーションへつながった。特に、レバレッジ・バイ・アウト (LBO——非投資適格格付け企業へのローンとして貸付けレートが高い) が急増した。」
　「巨大複合型金融機関 (LCFI) の収入と資産とは、2006年力強く成長、ネット利子所得 (銀行業本来の利益) の伸びはわずか5％と対比して、トレーディング収入 (投機的取引の利益) の伸び35％、証券化の手数料などの伸びは20％であった。」
　イングランド銀行レポートがこの時 (リーマンショック直前) 提示し

た巨大複合型金融機関——それらはリーマンショックの主犯たちとなる——は、次のとおり。

1．米 バンク・オブ・アメリカ、2．米 シティ、3．米 JP モルガン・チェース、4．米 ゴールドマンサックス、5．米 リーマン・ブラザーズ、6．米 メリルリンチ、7．米モルガン・スタンレー、8．英 バークレイズ、9．英 HSBC、10．英 RBS、11．仏 BNP パリバ、12．仏 ソシエテ・ジェネラル、13．独 ドイツ銀行、14．スイス クレディ・スイス、15．スイス UBS、16．オランダ アムロ（分割買収され、リストから消える）

（２）サブプライム関連損失の主要金融機関リスト

つづいてリーマン・ショックで大きな損失を出した世界の金融機関を日本の金融庁2009年3月5日提出『サブプライム関連主要金融機関の損失状況』のリストから見よう。

それは以下のとおり。

1．米 シティ、2．米 バンク・オブ・アメリカ、3．米 JP モルガン・チェース、4．米 モルガン・スタンレー、5．米 メリルリンチ、6．米 リーマン・ブラザーズ、7．米 ベアースタンズ、8．米 ゴールドマンサックス、9．米 ウェルズファーゴ、10．米 ワコビア、11．英 HSBC、12．英 RBS、13．英 バークレイズ、14．仏 BNP パリバ、15．仏 ソシエテ・ジェネラル、16．仏 クレディ・アグリコル、17．独 ドイツ銀行、18．スイス UBS、19．スイス クレディスイス（前出『資本主義の変容と経済危機』p.47）

そこでイングランド銀行リストと金融庁リストと対比すると、イングランド銀行リストの15銀行のすべてが金融庁リストの19銀行のなかに含まれている。

これは、イングランド銀行のレポート2007年4月は、リーマンショックがどのような銀行によってひきおこされたかを100％とらえていたことを意味する。

（3）スイス連邦工科大学研究チームの多国籍企業支配の金融セクター企業リスト

ところで、2011年10月、興味深い研究レポートに出会えた。

スイス連邦工科大学研究チームの『グローバル企業支配のネットワーク』である。

それは、Orbis 2007市場取引データベース——194か国3700万の経済活動体（企業、個人業者）にもとづくものである。

それは2007年のデータベースであるから、リーマンショック直前のデータである。

チューリッヒ研究チームは、このデータベースから、多国籍企業の支配の構造形態を分析する。

多国籍企業は、OECDの定義にもとづいて取り出す。——たとえば、直接投資により他社の株式10％以上を所有など。(OECD〈2000〉The OECD Guideline for Multinational Enterprises)

そこから116か国4万3060の多国籍企業がひろい出される。このうち5675社は株式市場上場企業である。

ここで注目すべきことは、多国籍企業を構成する諸企業間をつなぐネットワークの分析から、支配株の所有者（control holder）であり、多国籍企業支配のネットワークのなかで強い結合構成要素（strongly connected component）であるとともに、そのネットワークのなかで金融センター（financial sector）に属する企業を探し出していることである。

このような多国籍企業支配ネットワークの構造分析から、それらの

ネットワークの中枢に位置する147の超結合企業（Superconnected Companies）を探し出している。ところでそのなかの上位40社のリストを見ると、そのほとんどが金融業の企業である。

　今日における世界の多国籍企業と国際金融資本との深いつながりのネットワークが明らかにされている。（表1）

　スイス連邦工科大学研究チームの超結合企業上位40社のリストは、第1に、イングランド銀行の巨大複合型金融機関リストの15銀行のうち11銀行をひろい出している。

　第2に、日本の金融庁のリーマンショックで大損失を出した銀行のリスト、19銀行のうち11銀行をひろい出している。

　第3に、＊で示している資産運用会社等23社をひろい出しているが、その点については後述する。

　イングランド銀行は、1694年英国で銀行券発行の特権を与えられて設立した。七つの海を支配していた英国の中央銀行、そして世界の銀行業界の老舗である。マルクス『資本論』のなかでもイングランド銀行の話題[注1]が出てくる。

　そのようなイングランド銀行が21世紀になってから、ウォール街の連中が近ごろあやしげな金融取引きをふくらませていることを見抜いていたとしても、それはごくごく当たり前の話である。

　それに対して、スイス連邦工科大学チームの作業は、Orbis 2007市場取引データベースの194か国3700万の経済活動体のデータから出発する。そしてもっぱら工学部系の数理的方法を使って、多国籍企業支配のネットワークの構造を分析し、支配のネットワークの中枢に位置する147の超結合企業を析出させたのである。そしてその上位40社リストは、イングランド銀行リストの4分の3をとらえていた。（表1および表2参照）

（注１）たとえば『資本論』第３部第５篇30章で、次のような記述がある。「全恐慌が信用恐慌および貨幣恐慌としてのみ現れる。イングランド銀行が紙券ですべての山師に彼らが不足している資本を与え、すべての商品を以前の名目価値で買い上げるというようなことで、治癒させることはできない。」（『資本論』新日本出版社 Ⅲ b p.852）

スイス連邦工科大学チームの superconnected companies リストの興味深いところはそればかりではない。

その上位40社リストのうち、イングランド銀行リスト、金融庁リスト——リーマンショックをおこし、損失を負ったグループ——の残りのメンバーリストのなかに、リーマンショック後10年の過程に、資産運用保有額を大きくしていった資産運用会社（アセットマネジメントカンパニー）およびその相棒の資産管理会社（カストディアン）のメンバーがひろい出されている。（表３）

このように、チューリッヒ・チームの上位40社のうち、イングランド銀行レポートの巨大複合型金融機関（LCFI）の11と、アセットマネジメントカンパニーおよびカストディアンの23とが見出される。重複が４あるから計30である。

この全体像は表１にまとめられている。

しかし、今日資本運用会社の世界一におどり出ているブラックロックの名前は出てこない。

表1　147超結合企業の上位40社

リスト				超結合企業	国籍
*	A	B	1	バークレイズ	英
*			2	キャピタル・グループ	米
*			3	フィデリティ・インベストメンツ	米
*			4	AXA（保険・金融・資産運用グループ）	仏
*			5	ステートストリート	米
*	A	B	6	JPモルガン・チェース	米
*			7	リーガルアンドジェネラル	英
*			8	バンガードグループ	米
*	A	B	9	UBS	スイス
	A	B	10	メリルリンチ	米
*			11	ウェリント・マネジメント	米
	A	B	12	ドイツ銀行	独
*			13	フランクリン・リソーシス	米
	A	B	14	クレディスイス	スイス
			15	ワルトン・エンタープライズ	米
*			16	バンクオブニューヨーク・メロン	米
*			17	ナティクシス	仏
	A	B	18	ゴールドマン・サックス	米
*			19	T. ロウプライス	米
*			20	レッグ・メイソン	米
*	A	B	21	モルガン・スタンレー	米
*			22	三菱UFJフィナンシャル	日
*			23	ノーザントラスト	米
	A	B	24	ソシエテ・ジェネラル	仏
	A	B	25	バンクオブアメリカ	米
			26	ロイズTSBグループ	英
*			27	インベスコ	英
*			28	アリアンツ	独
			29	TIAA	米
			30	オールドミューチュアルパブリック	英
			31	AVIVA	英
*			32	シュローダーズ	英
			33	ドッジ・アンド・コックス	米
	A	B	34	リーマン・ブラザーズ	米
			35	サンライフ・フィナンシャル	カナダ
*			36	スタンダード・ライフ	英
			37	CNCE	仏
*			38	野村ホールディング	日
			39	ザデポジトリィトラスト	米
			40	マサチューセッツ・ミューチュアルライフ	米

A）イングランド銀行リスト
B）金融庁リスト
＊　資産運用会社等

表2 イングランド銀行のLCFIのリスト―金融庁リスト、チューリッヒ・チーム リストとの関係

		イングランド銀行LCFIリスト	金融庁サブプライム損失リスト	チューリッヒ・チームリスト
1	米	バンク・オブ・アメリカ	2	25
2		シティ	1	
3		JPモルガン・チェース	3	6
4		ゴールドマン・サックス	8	18
5		リーマン・ブラザーズ	6	34
6		メリルリンチ	5	10
7		モルガンスタンレー	4	21
8	英	バークレイズ	13	1
9		HSBC	11	
10		RBS	12	
11	仏	BNPパリバ	14	
12		ソシエテ・ジェネラル	15	24
13	独	ドイツ銀行	17	12
14	スイス	クレディ・スイス	19	14
15		UBS	18	9

表3 チューリッヒ・チームのリスト中の資産運用会社と資産管理会社（カストディアン）

1	バークレイズ（英）
2	キャピタル・グループ（米）
3	フィデリティ・インベストメンツ（米）
4	アクサ（保険・金融・資産運用）（仏）
5	ステートストリート（米）
6	JPモルガン・チェース（米）
7	リーガル・アンド・ジェネラル（英）
8	バンガードグループ（米）
9	UBS（スイス）
11	ウェリントン・マネジメント（米）
13	フランクリン・リソーシス（米）
16	バンクオブニューヨーク・メロン（米）
17	ナティクシス（仏）
19	T. ロウプライス（米）
20	レッグ・メイソン（米）
21	モルガン・スタンレー（米）
22	三菱UFJフィナンシャル（日）
23	ノーザントラスト（米）
27	インベスコ（英）
28	アリアンツ（独）
32	シュローダーズ（英）
36	スタンダード・ライフ（英）
38	野村ホールディング（日）

Ⅲ "新たな金融の覇者" ブラックロック

（1）ブラックロックは米金融業界のどこから出てきたのか

　Ⅰで述べたとおり、今日世界のアセットマネジメントカンパニーの資産運用額上位ランキング第1位は米国のブラックロックであり、第2位米国のバンガード・グループ、第3位米国のステートストリートとつづく。(本書p.18参照)

　『日経』(2017.11.28) は次のようにつたえている。

　「アセットマネジメントが成長産業へと変ぼうしつつある。先進国の高齢化や、新興国の中間層の台頭により、世界の運用資産の拡大がつづく。

　M&Aなどを駆使して巨大化した運用会社が世界を舞台にマネーを奪いあう、別次元の競争がはじまっている。

　米国のブラックロックは、"新たな金融の覇者" といわれている」と。

　ブラックロックのラリー・フィンク会長は、以前は米投資銀行ファースト・ボストンで債券業務をやっていた。彼は、88年に米投資ファンド、ブラックストーン傘下で、7人のパートナーとブラックロックを設立し、99年にはニューヨーク株式市場に株式上場した。そして「M&Aなどを通じて同社を世界最大規模の運用会社にした」とのことである。(『日経』2017.12.20)

　ブラックロックは、"ヘッジファンド・インテリジェンス" によると、2013年1月1日時点で世界のヘッジファンド運用資産ランキングでトップから9番目、運用資産266億ドルとしても名前を出している。

　その一方、IMF『国際金融安定性報告書』(2015年4月)では、アセッ

トマネジメントカンパニー（AMC）としてブラックロックの名前が出てくる。

その後の資料から、AMC のブラックロックの運用資産残高は、2013年末に 4 兆 3240 億ドル、AMC のトップである。さらに 2018 年 9 月末には、業界のトップを走るとともに、6 兆 4400 億ドルと、5 年間で 1.5 倍という激増ぶりである。

筆者は、そこに何かかくされた物語りがあるのではないかと考えるようになった、

（2）ブラックロックは米産軍複合体再構築のためのM＆A推進の主力

ブラックロックはM＆Aなどを通じて世界最大の資産運用会社になったとのことであるが、山脇友宏氏の『トランプ政権と軍産複合体（下）』（『経済』2018.11）がその一端を明らかにしている。

ソ連崩壊後（1991年）、米軍事費が大幅に削減され、冷戦期に巨大化した米産軍複合体の土台がくずれた。この時、「93 年 7 月に、クリントン政権のペリー国防長官は主要軍事企業の最高経営者を集め、国家兵器市場縮小のなかで国防総省が劇的な産業集約化に着手する構想を表明し、早急なM＆A策定を要請した。同時に、M＆Aにともなうリストラ費用への政府補助の実施もつけ加えることを言明した。このように米国防総省は、ウォール街のモルガンスタンレーなどの投資銀行やブラックロックなど巨大投資ファンドと大手軍事トラストにM＆Aの実行を直接まかせた」とのことである。(同前 p.117, 118)

大手軍事企業のM＆Aによる集約は、90 年代（第 1 次段階）、00 年代（第 2 次段階）とつづいた。この間、米航空宇宙軍事企業は、27 社から 5 社へと集約された。

「寡占的軍事トラスト構築への大型合併遂行の過程で、巨大機関投資家（ブラックロックをはじめバンガード、ステート・ストリート、フィデルティ、JPモルガンアセットマネジメント、バンクオブ・ニューヨーク・メロン・インベストメント）が全株式の7割から9割をにぎる大株主となり、米国防総省直結の金融資本の姿をとるようになった」と。（同前 p.121）

このようにブラックロックは、90年代、00年代に、米国防総省と強く結びつき、米産軍複合体の再構築のためのM&Aを推進する主力となり、そして集約化された寡占的巨大軍事企業の大株主に躍進した。

2001年からはじまった軍事企業の第2次M&Aは、「軍事企業と金融資本とのイニシアチブで遂行された」とのことである。

そして、「これらの買収・合併と集中、統合された寡占的集合体の形成は、ＪＰモルガンチェース、シティグループ、バンクオブアメリカ、メリルリンチ、ゴールドマンサックス、モルガンスタンレーなどと結びつく巨大機関投資ファンドからなる金融連合体の主導ですすめられた」と指摘されている。

これらはまぎれもなく、サブプライムローンの証券化のシャドウバンキングを大きくしてゆく金融バブルでリーマンショック、戦後最大の世界的経済危機をひきおこしたウォール街の巨大銀行である。

そして「それらと結びつく巨大機関投資家ファンド」とは、先述のブラックロック、バンガード、ステート・ストリート、フィデルティ、ＪＰモルガンアセットマネジメント、バンクオブニューヨーク・メロン・インベストメントなど、巨大軍事企業の大株主となった機関投資ファンドである。

リーマンショックを境にして、それをひきおこしたウォール街の巨大銀行勢は、政府からの手厚い救済策の数々により延命したものの、一定の規制を受けることになった。

それに対して、ブラックロックなどの機関投資ファンド勢は、新型のシャドウバンキングをみるみるうちに大きくしていくという物語りが見えてきた。

（3）ブラックロック等はトランプ追ずいの安倍政権の米兵器爆買いで大もうけ

　冷戦終結後の産軍複合体の再建強化の過程でブラックロックなど巨大機関投資ファンドは、M&Aで寡占体制を強化した軍事企業の大株主になった。それは米国防総省の要請により、また支援策の下すすめられてきた。そしてオバマ政権下で米国兵器の輸出額は、ブッシュ（子）政権下での160億ドルの3倍に、478億ドルにも激増したことから、大株主になったブラックロックらのメンバーには巨額の利益がころがりこむことになった。

　そこにトランプ米大統領が現れた。彼は長年の不動産ディーラーとしての腕前から、自ら米兵器販売のディーラーとなり、サウジアラビア王との会談をつうじ、また安倍首相との度重なる会談をつうじて、巨額の米兵器を売りつけた。わが国では、米兵器の爆買いによりこれまでの国家財政構造の社会保障、社会福祉削減の流れをいっそう加速させてしまった。

　そして、安倍政権が大量に買いつけることになったF35AやF35Bはロッキード・マーチン社製であり、ブラックロックらはその大株主であるところから、日本国民の生活と権利を切り縮めて、米国の新しい金融王たちがまるもうけする仕組みがつくられてしまった。

Ⅳ　米ブラックロックとGPIFとの結びつき

（1）ブラックロックは日本株保有額でGPIF*に次ぐ2位に

　「今日、米ブラックロックなど世界のシャドウバンキングの大物たちと、政府年金投資ファンドと日銀とが日本の主要企業の大株主グループを作っている。ブラックロックらの投機の策略にふりまわされる異常事態になっている。」（前出『マルクス「資本論」の方法と大混迷の世界経済』p.84, 85）

表4　主要投資家の日本株保有額（運用資産）

1位	GPIF	36.0兆円
2位	米ブラックロック	17.6兆円
3位	日本銀行	17.1兆円
4位	野村アセットマネジメント	13.1兆円
5位	アセットマネジメント*One	10.2兆円
6位	米バンガードグループ	10.0兆円
7位	日本生命	7.0兆円
8位	ノルウェー政府年金基金	6.5兆円

＊みずほフィナンシャルグループ（『日経』2017.6.24）

　表4のように米ブラックロックは運用資産としての日本株保有額では1位のGPIFに次ぎ2位となり、日本株買いにのめりこんだ黒田総裁の日銀を上まわっている。

　ところで、表4の米ブラックロック17.6兆円という額は、日経紙の

ラリー・フィンク会長への取材で訂正されている。

『日経』(2018.10.21) によると、ブラックロックの運用資産は 6.3 兆ドル（約 700 兆円）、日本企業の株式は約 30 兆円保有するとのことである。それはランキングトップの GPIF にほぼならぶ額。

> ＊ GPIF は公的年金の「年金積立金管理運用独立行政法人」というながながしい名称の外国人向け名称、ガバメントペンション・インベストメント・ファンド（政府年金投資ファンド）。この名称の由来については、前出『マルクス「資本論」の方法と大混迷の世界経済』p.79 を参照。

（2）ブラックロックは GPIF 内部に深く入りこむ

いっそう重要な点は、ブラックロックなどが GPIF の内部深くに入りこんでいることである。

表5　GPIF 資産別運用資産額（2016 年度末時価総額）

運用資産額合計	144 兆 9,034 億円	100.0%
国内債券	46 兆 2,236 億円	31.9%
国内株式	35 兆 1,784 億円	24.3%
外国債券	19 兆 6,817 億円	13.6%
外国株式	34 兆 9,262 億円	24.1%
短期資産	7 兆 2,463 億円	5.0%
財投債	1 兆 6,472 億円	1.1%

GPIF の運用受託機関別運用資産額（2016 年度末時価総額）から外国機関勢を見ると、以下のとおり。

1位　米　ブラックロック
　　国内株式　2ファンド　　　　　　7兆3,260億円　　20.8%
　　外国株式　1　〃　　　　　　　　4兆5,705億円　　13.1%
　　外国債券　3　〃　　　　　　　　2兆9,346億円　　14.9%
　　　計　6ファンド　　　　　　　14兆8,317億円　　10.2%

2位　米　ステート・ストリート
　　国内債券　1ファンド　　　　　　1兆2,609億円　　3.6%
　　外国株式　1　〃　　　　　　　　5兆3,204億円　　15.2%
　　外国債券　1　〃　　　　　　　　1兆7,982億円　　9.1%
　　　計　3ファンド　　　　　　　　8兆3,795億円　　5.8%

3位　米　ゴールドマンサックス
　　国内株式　1ファンド　　　　　　1兆7,783億円　　5.0%
　　外国債券　1　〃　　　　　　　　　　5,362億円　　2.7%
　　　計　2ファンド　　　　　　　　2兆3,145億円　　1.6%

GPIFの資産管理機関（カストディアン）
　　1　資産管理サービス信託銀行
　　　（みずほフィナンシャル系）　　55兆1,138億円
　　2　日本トラスティサービス信託銀行
　　　（三井住友トラストホールディング系）35兆1,708億円
　　3　ステート・ストリート信託銀行　19兆6,890億円
　　4　日本マスタートラスト信託銀行
　　　（三菱UFJ信託銀行系）　　　　　34兆9,215億円
　　　　　　　　　　　計　144兆8,951億円

GPIFの運用受託機関としてブラックロック、ステートストリート、ゴールドマンサックス3社でGPIFの国内株式の29.4％、外国株式の28.3％、外国債券の26.7％と、ほぼ3割を占めるようになっている。

　なかでもブラックロックは計14兆8317億円（GPIF運用受託資産額の10.2％）を占め、ステート・ストリートは5.8％、ゴールドマンサックスは1.6％。このように世界的アセットマネージャーのトップであるブラックロックは、日本でもトップである。

　一方、ステートストリートは、GPIFの4つのカストディアンの1つであり、日本の三大金融資本（みずほ、三井住友、三菱）とならんでいる。日本には四大金融資本系列があるかのようである。

　このように、ブラックロック、およびステートストリートは、GPIFの内部に入り、その動向を左右する力をもつようになっている。

　GPIFは、国内債券の投資について、格付けがダブルB以下の「低格付け債（ハイイールド債）」にも投資できるように、基準緩和を2018年4月から適用することにした。

　日本の社債の流通額はAA 25.5兆円、A 28.3兆円、BBB 2.5兆円、BB 0.03兆円、B 0.16兆円と、ダブルB以下で縮小するのを、国際金融資本勢のバクチ場を大きくするため、巨鯨といわれるGPIFの力でおしひろげようという流れである。（『日経』2018.4.1）

　日本国民の生活と権利がここでもあやうくされている。

（3）ブラックロックとGPIFとの詳細な関係が明らかにすること

　IMF「国際金融安定性報告書」2015年4月は、アセットマネジメントカンパニーの資産運用の概念図を示している。

　「ファンドは、資産管理運用会社（AMC）と投資管理協定を取り結ぶ。AMCはファンドのポートフォリオと、リスクと、証券取引と、証券の金融取引（株券の貸付けなど）とを管理する。

末端の投資家（エンド・インベスター）はファンドの株式所有者であり、資産所有者でもあり、それらが生み出す所得の所有者でもある。しかし、エンド・インベスターは、ファンドを完全にコントロールすることはできない。彼らはその時々のポートフォリオの構成を正確に知ることはできない。ファンドマネージャーにどの証券を売ったり買ったりせよと指図することもできない。

　ファンド理事会は、株主の権利を守ることになっている。逆に資産管理運用会社の権利も守ることにもなっている。」

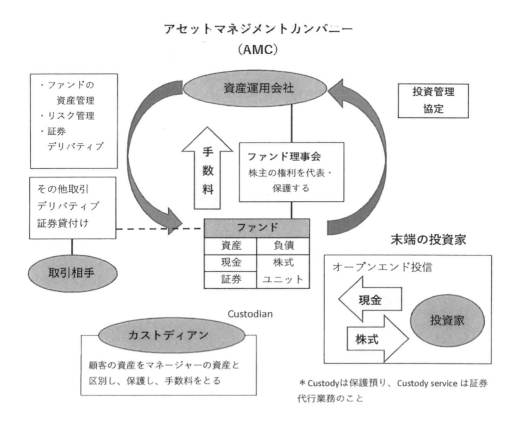

IMF の AMC についてのこのような説明から、ブラックロックと GPIF との関係を見ることにする。

1) ブラックロックの運用資産額は GPIF のそれと比べ約5倍。それだけでなく、GPIF は全体を93のファンドに細分して、そのうち5つのファンドの運用をブラックロックに委託しているという関係である。

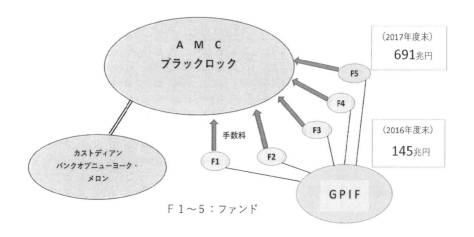

F1～5：ファンド

2) 巨大 AMC ブラックロックなどは、これまで大きくしてきた自分自身の巨額なマネー資本金に、グローバルに多くのさまざまなファンド、末端投資家から運用をまかされた巨額なマネー資本金を合体させて、その運用額を大きくすることができるから、さまざまな市場での相場を動かす力をもつようになっている。

3) 株式や諸金融商品が暴落するような局面になった時は、損失は運用をまかせたファンドや末端の投資家たちにおしかぶせることができるだろう。
　その点では、リーマンショックの時のように、ウォール街の大銀行であっても、自己勘定取引きでのハイ・リターンをねらう取引き(注2)や、

ヘッジファンドなどへの投資を大きくして、金融バブル崩壊の時、自分自身が倒産の危機に直面するような事態をまねくことはない。損失をかぶるのは GPIF であり、日本国民の側である。

　（注２）「ウォール街の金融機関は、世界中のもっとも頭のよいヘッジファンド、オープン型投資信託、年金基金、国富ファンド、そして一般企業のための売買を扱っている。だから、どこの誰がどの売買でどちら側の（買いか売りか）について知っている。カジノの比喩でいえば、テーブルについたゲーム参加者全員の手札が読めてしまう。したがってウォール街の金融機関は、自己資金を投資する際には格段に有利ということになる。」（グレッグ・スミス『訣別ゴールドマンサックス』p.435）

　「現在ウォール街がもっとも激しく抵抗している改革は、不透明なデリバティブと自己勘定取引というもっとも利幅が大きい業務領域に関するものだ。これらの領域はまた金融システムの安定性にとって最大の脅威でもある。」（同前 p.437）

付表1　世界多国籍企業上位100社（2016年）中の日本企業11社の大株主外国資本

1	トヨタ自動車	〈2018.3.31〉	
		ステート・ストリート	4.04%
		JPモルガン・チェース	2.61%
2	本田技研工業	〈2018.3.31〉	
		ステート・ストリート	4.76%
		JPモルガン・チェース	3.32%
3	日産自動車	〈2017.3.31〉	
		ルノーSA	43.70%
		チェース・マンハッタン	3.40%
		ステート・ストリート	1.00%
4	ソニー	〈2018.3.31〉	
		シティ・バンク	8.98%
		JPモルガン・チェース	4.95%
		ステート・ストリート	4.12%
		ブラック・ロック	6.27%〈2017.3.15保有、現在未確認〉
5	ソフトバンク	〈2018.3.31〉	
		JPモルガン・チェース	5.17%
		ステート・ストリート	1.37%
		シティ・バンク	1.16%
6	日本電信電話	〈2018.3.31〉	
		JPモルガン・チェース	3.92%
7	三菱商事	〈2018.3.31〉	
		香港上海銀行	2.29%
		ステート・ストリート	1.73%
8	三井物産	〈2018.3.31〉	
		ステート・ストリート	1.81%
		ブラック・ロック	6.23%〈2018年2月28日、現在未確認〉
9	丸紅	〈2018.3.31〉	
		ステート・ストリート	1.82%
		ブラック・ロック	6.48%〈2017.6.15保有、現在未認識〉
10	住友商事	〈2018.3.31〉	
		JPモルガン・チェース	6.34%
		ステート・ストリート	1.75%
		ブラック・ロック	5.02%〈2014.4.15保有、現在未確認〉
11	伊藤忠商事	〈2018.3.31〉	
		ステート・ストリート	3.32%
		JPモルガン・アセット・マネジメント	4.48%〈2017.9.25保有、現在未確認〉

注）ブラック・ロック名義の会社の所在地
　　ソニー　　ブラック・ロックジャパン東京
　　三井物産　同上
　　丸紅　　　同上
　　住友商事　同上の他、以下の所在地の会社
　　　　　　　米・ウィルミントン（デラウェア州）、米・プリンストン（ニュージャージー州）、
　　　　　　　ルクセンブルグ・セニンガーバーグ、英・ロンドン、アイルランド・ダブリン、
　　　　　　　米サンフランシスコ（カリフォルニア州）

（出所）各社有価証券報告書

付表2　経団連役員企業のなかでブラックロックが株式を大量に保有している企業

	経団連役員企業	大株主　第1位		ブラックロック
		企業名	比率	比率
会長	● 日立製作所会長	日本マスタートラスト	6.53	6.31
副会長	日本生命保険取締役相談役			
副会長	三菱ＵＦＪ銀行（三菱ＵＦＪフィナンシャルグループの連結子会社）			
	● 三菱ＵＦＪフィナンシャル・グループ	日本トラスティーサービス	5.34	5.00
副会長	● 三菱重工業	日本マスタートラスト	4.89	6.02
副会長	住友化学			
副会長	● 三井物産	日本マスタートラスト	7.83	6.23
副会長	● 日本郵船	日本トラスティーサービス	6.34	6.25
副会長	● 東京ガス	日本生命保険	6.85	8.16
副会長	三菱商事			
副会長	三越伊勢丹ホールディングス			
副会長	● 三井住友フィナンシャルグループ	日本トラスティーサービス	5.85	6.41
副会長	● 大成建設	日本マスタートラスト	5.87	6.10
副会長	新日鐵住金			
副会長	三菱電機			
副会長	トヨタ自動車			
副会長	東京海上ホールディングス			
副会長	● 東日本旅客鉄道	みずほ銀行	4.35	6.02
副会長	ＡＮＡホールディングス			
副会長	● ＪＸＴＧエネルギー	日本トラスティーサービス	8.50	6.36
議長	野村ホールディングス			
副議長	昭和電工			
副議長	● 大和証券グループ本社	日本マスタートラスト	5.33	6.27
副議長	三井住友海上火災保険			
副議長	伊藤忠商事			
副議長	● 第一生命ホールディングス	日本トラスティーサービス	5.20	5.04
副議長	ＢＴジャパン			
副議長	箔一			
副議長	アサヒグループホールディングス			
副議長	● パナソニック	日本トラスティーサービス	7.17	5.00
副議長	● 住友商事	日本マスタートラスト	6.82	5.02
副議長	● みずほフィナンシャルグループ	日本マスタートラスト	4.21	5.14
副議長	日本電気			
副議長	● 旭化成	ＪＰモルガン・チェイス・バンク	9.05	6.21
副議長	積水化学工業			
副議長	ＩＨＩ			
副議長	日本電信電話			
副議長	● 三井不動産	日本マスタートラスト	8.41	7.47
副議長	アステラス製薬			
副議長	セブン＆アイ・ホールディングス			
副議長	サントリーホールディングス			

※　2018年5月31日現在の経団連役員
※　●印はブラックロックが株式を大量に保有している企業
　　会長・副会長企業18社のうち10社
　　議長・副議長企業20社のうち7社

V　日本銀行の日本株買い

（1）日本の90年代金融危機時における日銀の日本株買入れ

　戦後日本は、先進国のなかで最初に重大な金融危機をひきおこした国である。90年代はじめから00年代へ続く、失われた20年である。20数行あった日本の大銀行が三菱UFJフィナンシャルグループ、三井住友フィナンシャルグループ、みずほフィナンシャルグループへと集約された。

　日銀は02年、銀行救済のため銀行からおよそ3兆円の株式を買い入れるという、先進国の中央銀行としては例を見ないことをやってしまった。日銀はその後ひそかにそれらの売却をすすめたが、完了までに10年以上かかったという。

（2）黒田日銀総裁の上場投資信託の爆買い

　今日重大な問題は、2013年日銀が黒田総裁体制になってから日本株の上場投資信託（ETF）の爆買いをはじめたことである。

　ETF（Exchange Traded Funds）は、日経平均株価や米S&P 500指数に連動するよう設計された投資信託のうち証券市場に上場されている商品。日本銀行が買うのは、日経平均型ETFやJPX日経400指数連動ETFなど。

（３）日銀とブラックロックとの日本株式市場での株価ゲームのわな

１）ここには日銀が直接少数の日本の大企業の株価を買い支える仕組み、少数の内外の大投資家たちをもうけさせる仕組みをつくり出しているという異常事態が見られる。日本の株式30兆円保有するブラックロックにとっては、もうけの支え役になっている。

２）世界的にETFの大勢を動かしているのは、ブラックロックをはじめとする米国の巨大アセットマネージャーたちである。

世界のETFは2012年2兆ドルから2017年5兆ドルへと増大し、その運用残高は、ブラックロック37％、バンガード19％、ステートストリート13％と、3社が7割を占める寡占体制となっている。このビッグ3は米主要500社の9割の筆頭株主でもある。（『日経』2019.4.23）　このような背景もある。

３）「日銀が年に6兆円のペースで買いすすめている日本株のETFの残高は、株式市場の4％弱になる。中銀の常識では、株式買いは禁じ手に近い。国債などさまざまな金融資産を購入してきた米連邦準備理事会（FRB）や欧州中央銀行（ECB）も避けてきた。国債はいずれ償還をむかえ元本が戻るが、買い入れた株式は売るしか出口がない。『今すぐやめると大変なことになる。でもずっと続けるともっと大変なことになる』というのは、日銀へ寄せられる民間金融機関からの助言にならない助言である」と。（『日経』2018.4.11）

「日銀が保有するETFは2018年末で23.5兆円。自己資本が8.4兆円だから、極めて高いリスク量である」と。（『日経』2019.1.16）

そして、実際に日銀は危機的局面をむかえている。

2018年年末近く、世界の株安を受けて「18年9月末時点で日銀が保有するETFの含み益は7兆円強あったのが、一気に2兆円程度まで

減った。JPモルガン証券によると、株価が1万8400円前後と現在の水準より1割ほど下がると、日銀の含み益は吹き飛び、含み損が発生する」と。(『日経』2019.2.18)

(4) 2018年第4四半期に米国株式市場から日本株式市場へ激震が走った

　2018年度をとおして、海外投資家の日本株の売り越し額が激増、5兆6300億円となる。この流れに対して日銀のETF買い入れ額が5兆6500億円となり、海外勢の売りを相殺するという異常事態になっている。

　『日経』(2019.4.5)は、日本株売りの中心に米ブラックロックがいたことをつたえている。ブラックロックは18年7月に、日本株の投資スタンスを強気から中立に変更した。ステートストリートも、米中貿易戦争の先が見えないことを理由に、リスク資産である株式投資の割合を18年10～12月に引き下げた、とのことである。

　中央銀行として、株買いそのものが禁じ手とされているおきてを破っているだけではない。世界の金融市場をまたにかけて世界の金融王になったといわれるブラックロック等を相手としての、日本株式市場での日本の株価ゲームに、日銀がひきずりこまれてしまい、出られなくなった姿を現すようになっている。

VI　トランプ大統領のインサイダーグループ

　トランプ氏は2017年5月下旬サウジを訪れた。彼は、大統領就任後初の外遊先としてサウジを選んだ。そして110億ドルの武器売却契約

に署名した。

　その前年、サウジでは、ムハンマド副皇太子が主導して、原油依存からの脱却、経済の多角化改革のため２兆ドル超になる政府系ファンドを運用する経済改革構想をうち出した。彼は、トランプ氏のサウジ訪問後の同年10月下旬に開催されたサウジ版ダボス会議である人物に秋波を送った、とのことである。

　それは、「世界最大の資産運用会社ブラックロックのラリー・フィンクCEOだ。サウジの脱原油依存のカギとなる政府系ファンドの運用の主要な担い手はブラックロックだ。」(『日経』2017.11.28)

　先述のように(本書p.25)、ラリー・フィンク氏は、1988年米投資ファンド、ブラック・ストーンの傘下でブラックロックを設立し、スタートさせた。一方のブラックストーン・グループは、1985年にスティーブン・シュワルツマン現会長とピーター・ピーターソン氏が創業した投資ファンドである。

　そのスティーブン・シュワルツマン氏については注目すべき報道がある。2019年2月8日付『ウォール・ストリート・ジャーナル』は、ブラックストーングループの最高責任者が米中貿易協議の進行について、トランプ氏に電話で「交渉に失敗すれば経済を傷付け、市場を混乱させる」と警告したとのことである。

　トランプ外交戦略の最重要課題は、第1に、中東の不安定弧で新たな紛争・戦乱の火種を大きくすることであり、そのためサウジとの結合を再強化することである。第2に、世界的に"アメリカ第1"の経済戦争をひきおこすこと、わけても対中国経済戦争をおこし、それに勝利することである。そしてサウジではブラックロックのCEOが主役を担い、米中交渉ではブラックストーン会長がトランプ氏の相談役として現れている。

　アメリカでは、このところながくワシントンとウォール街とが"回転

ドア"で直結している形をとった金融寡頭支配が、または、"ウォール街・財務省複合体"が指摘されてきた。

とくにゴールドマン・サックスは数々の財務長官を送りこんだ[注3]。

トランプ政権になっても、その点に変わりはない。ゴールドマン・サックス最高責任者ゲーリー・コーンが国家経済会議（NEC）委員長に、元ゴールドマン・サックスのパートナー、スティーブン・ムニューシンが財務長官になっている。

しかし、トランプ氏は、何十年も不動産ビジネスをやり、ニューヨークにトランプ・タワーを建てているという、米大統領としては全く異色の人物、米不動産業界、米金融業界に深い人的結合をつくり出している。その点で、ブラック・ストーン・グループについて見ると、世界有数の投資ファンドであり、とくに不動産がらみの投資を得意としてきた。ヒルトンホテルを傘下にもつヒルトン・ワールド・ホールディングスの例や、日本でも不動産投資中心であるとのこと（『日経』2018.4.17）。そうだとすると、トランプ氏が長年の不動産ビジネスをつうじて、ブラックストーン会長と深い関係をつくりあげてきたとしても、不思議ではない。

以上のことから、トランプ政権になってから、ワシントンとウォール街との直結関係に加えて、トランプ米大統領と直結したインサイダーグループの存在が考えられる。ブラックロックのCEOやブラックストーンの会長は、そのインサイダーのメンバーである疑いが大きくなった。

(注3) サイモン・ジョンソン＋ジェームズ・クワック『国家対巨大銀行』(2011.1.27)

Ⅶ 終りに——日本は主要国のなかで労働者の時間当たり賃金が20年前と比べてマイナスになった唯一の国

（1）IMFのグローバル・フィナンシャル・スタビリティ・レポート（2018.10）は、「グローバル金融危機から10年、われわれは安全になったか？」と題している

「シャドウバンキングに対しては監視と規制を続けなければならない。FSR 2017年4月は、シャドウバンキングについて、もはやグローバル金融危機をひきおこすことはないだろうとの見通しを出したが、しかし、多くの国々では、新しい形をとるシャドウバンキングや、アセット・マネージャーのような規制範囲の外の金融業が彼らの取引きをつみ上げてゆき、銀行への影響を大きくしてしまうかも知れない。

とくにこのことは中国を含む多くの新興市場についていえることである。それらではシャドウバンキングが急拡大している。」

（2）英フィナンシャル・タイムズのコメンテーター、マーティン・ウルフ氏は、問題の所在をもっと明らかにしている

「金融危機は自由市場の悲惨な失敗であり、しかも多くの国で格差が拡大した時期につづいて起きた。にもかかわらず、1970年代とは異なり、政策当局は政府と市場の相対的な役割を真剣に問い直そうとはしなかった。

彼らの古い常識では『構造改革』とはいまだに減税と労働市場の規制緩和を意味し、格差への懸念は表明しても、対策はほとんど講じていない。

今なお続く金融部門の膨大な取引がどれだけ価値を生み出しているのかと疑問視する向きもほぼない。前回以上に大規模な金融危機が発生するリスクがあることを認識している人もほとんどいない。
　政策当局がこのように無為無策では、ポピュリストが幅を利かすのも無理はない。政治は真空状態をきらう。トランプ米大統領やイタリアのサルビーニ副首相らが口にするような危険で国を分断するような主張がすぐ真空をうめてしまう。
　<u>政府が無策である理由として考えられるのは、既得権益者の強い影響力だ。現在の一部の企業が高い利益率をほこる経済を、それが自由市場経済だと主張する向きもあるが、結局のところ、政治的影響力を握る情報に通じたインサイダーが巨利を得る仕組みになっている。</u>」(FT 2018.9.5、『日経』2018.9.6)

（3）OECD（経済協力開発機構）の調査によると、日本の時間当たり賃金は、2017年に、1997年と比べて、その20年に9％下落。主要国のなかで唯一のマイナスである。これに対して、日本の大企業の増益率は、2017年10〜12月期には、欧米の主要企業を上回った

　これが日本経済の現状である。
　OECDの調査によると、残業代を含めた民間部門労働について、国際比較が可能な2017年と1997年とを比べて、20年間に日本は9％下落。英国87％増、米国76％増、フランス66％増、ドイツ55％増。（『日経』2019.3.19）
　同じ2017年、日本の大企業の増益率が欧米の主要企業をこすようになった。（『日経』2018.2.11）　また同年、日本の大企業の海外子会社の収益は2007年と比べ2.5倍に高まった。（『日経』2018.2.9）
　さらに、世界の企業の配当と自社株買いとの合計額は、2018年度に

過去最高の2兆3800億ドルと、08年度と比べて2倍になるという、異常な金融資本肥大化現象が現れている。(『日経』2019.3.21)

　主要国のなかで日本の異常さは突出している。それは第1に、80年代から90年代にかけて、日本はアメリカの経済戦争の攻撃目標とされ、超円高による経済低迷をつづけるようになったこと。

　第2に、日本の大銀行は、80年代に国内で世界に例を見ない不動産バブルをひきおこし、その破たんの末、90年代後半に重大な金融危機をひきおこしたこと。

　第3に、日本の大企業は、円高の局面を自国の労働者へ犠牲をおしかぶせてのりきろうとしてきたこと。彼らは、日本で無権利労働者（派遣労働者など非正規労働者）を激増させた。UNCTAD WIR 2010によると、対外直接投資にともなう自国における雇用への有害な影響は、日本でもっとも激烈に現れたとのことである。

　また、日本の大銀行がひきおこした金融危機に対して、自民党政権は大銀行救済のための財源を大きくするため、国民に対して一挙に負担と犠牲をおしかぶせてきた。大銀行には税制上の手厚い恩典を、また法人税率（法人3税）42％であったのを30％まで引き下げ、同時に国民に対しては、消費税導入などを強行した。

　このような日本経済の失われた10年、20年が進行するところに、2008年のリーマン危機の激動にまきこまれたわけである。安倍政権が現れ、ニューヨークでのヘッジファンドをまねいて日本株買いをすすめる説明会からアベノミクスがはじまった。

　以上述べたことが、今日、日本は主要国のなかで、労働者の時間当たり賃金が20年前と比べてマイナスになった唯一の国となった歴史的背景である。

　このような現状をふまえて、ただちに実行すべき政策をかかげて、その実現のためたたかわなければならない。

第 2 章

多国籍企業の
"税金逃れ目的の企業構造複雑化"

I 多国籍企業のグローバル・バリュー・チェーン

UNCTADの『世界投資報告書（WIR）』2002年は、多国籍企業の活動を"グローバル・バリュー・チェーン"という視点からとらえることを提起している。

WIR 2002年は、初期の多国籍企業の事業展開と比べて、国際的生産システムの前進のいちじるしい点として、地域的、およびグローバルなスケールでの統合の強化などをあげている。

国際的生産システムの三つの中核的要素が重要である。それは、①企業統括、②"グローバル・バリュー・チェーン"、――生産活動と他の諸機能の組織と配分、技術開発にはじまり、生産、流通・販売へとつながる（図1）、③地理的配分、である。

図1　グローバル・バリュー・チェーン

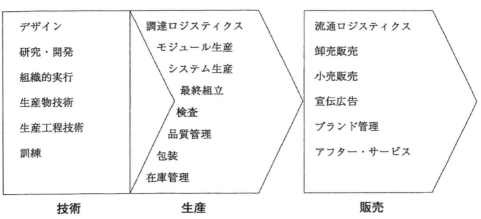

（資料）　UNCTAD World Investment Report 2002 p.123

（出所）「経済学をいかに学ぶか」p.191

II　グローバル・バリュー・チェーンの展開と各国貿易構成内容の変化

　UNCTAD WIR 2018 は、多国籍企業がグローバル・バリュー・チェーンを展開することによって、各国の商品・サービス貿易にどのような変化が現れたか、分析している。

　注目される点は、「対外貿易における外国付加価値（FVA）、すなわち輸入されてその国の輸出に合体された商品・サービスは、グローバル・バリュー・チェーンの重要度をはかる鍵ともいえる方法である」と述べていることである。

　UNCTAD はそこで、グローバル・バリュー・チェーン（GVC）関与率という測定値を示している。

　GVC 関与率＝外国付加価値＋国内付加価値／輸出総額

　またここで、外国付加価値は上流要素であり、国内付加価値は下流要素であるとしている。

　以上の点について WIR 2018 は、以下のように説明している。(p.35)

　「大まかにいって、輸出は国内付加価値（DVA）構成要素と外国付加価値（FVA）構成要素から構成される。

　前者は、貿易取引による真の付加価値である。グローバル・バリュー・チェーンに参加するすべての国は、彼ら自身の（国内の）生産要素によりその創出に貢献する。

　後者の構成要素は、多段階の多数国生産過程において輸入される投入部分としての付加価値である。

　付加価値という用語としては、新しい価値創出というよりも、二重計算となる。

グローバル経済のなかでは、グローバル・バリュー・チェーンがより深く根を張れば張るほど、グローバル生産がより細分化されればされるほど、外国付加価値はより高くなる。(その対極としてグローバル・バリュー・チェーンが欠如すれば、取引は最終消費者相手だけとなる。この場合は外国付加価値はゼロ、国内付加価値＝輸出となる。)」

図2　GVC関与率、地域別　2017年
　　　GVC関与率の成長　2010-2017、2000-2010（％）

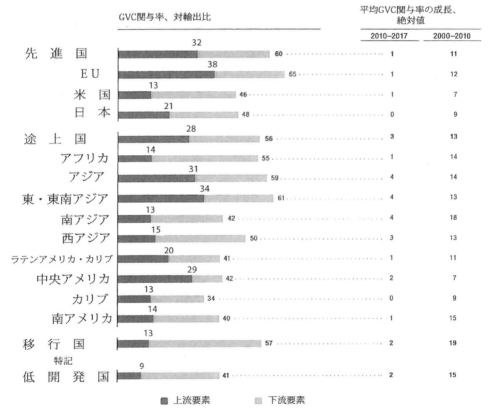

（資料）UNCTAD UNCTAD - EORA GVCデータベース

WIR 2008 は GVC 関与率の高い国について、次のように説明している。

「グローバル・レベルで、グローバル・バリュー・チェーンにもっとも深く統合されている国は、多国籍企業の活動のための地域統合センター、物流センター（あるいは金融活動のハブ〔拠点〕）である。

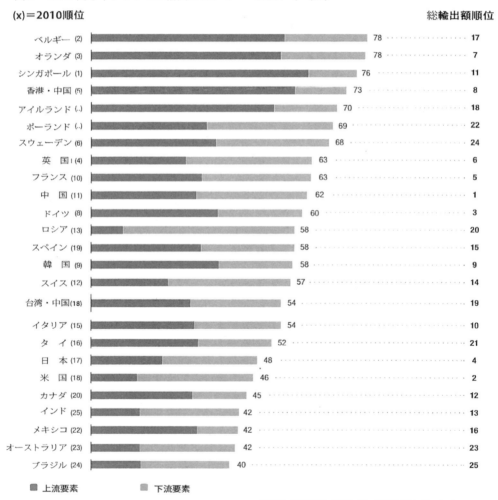

図3　GVC 関与率トップ25 輸出エコノミー　2017年（％）

（資料）UNCTAD　UNCTAD - EORE GVC データベース

ベルギー、オランダ、シンガポール、香港、アイルランド等、これらの国、経済は、相対的に小さい国内市場であるのに対して、グローバルサービスや、技術的または金融的活動のハブ〔拠点〕として大きな役割を果たすようになっている。……とくにトップ4――ベルギー、オランダ、シンガポール、香港（中国）、これらは大きな商業港により特徴づけられている。」(p.25)

III 世界人口の0.7％を占めるにすぎない地域に多国籍企業の活動拠点が

　次に筆者は、同じくUNCTAD WIR 2018、2011の資料から、世界各国・地域の対内直接投資残高と対外直接投資残高との二つの面から、多国籍企業のグローバルな諸活動の地理的配置の姿を見ることにした。

　1990年から2017年までの過程を見ることにより、多国籍企業の特異な活動拠点を見い出すことができる。

　以下、UNCTAD WIR 2018、2011の資料から、1990年、2000年、2010年、2017年の対内直接投資残高と対外直接投資残高との表を示す。(表1-1)

　合計しても世界総人口の0.7％を占めるにすぎないベルギー、ルクセンブルク、オランダ、アイルランド、香港（中国）、シンガポール、英領バージン諸島、英領ケイマン諸島、以上8国・地域が、世界の直接投資の流れをブラックホールのように引きこみ、それと同時に、世界最大の資本輸出国アメリカに迫る勢いで直接投資をグローバルに放出するようになった。

　1）この8国・地域は、1990年に対内直接投資残高が4000億ドル、それは世界総計2.1兆ドルの19％であった。8国・地域は、戦後早

第2章　多国籍企業の"税金逃れ目的の企業構造複雑化"　53

くから"タックスヘイブン"の名のもと、世界の対外直接投資の流れを引きこむ力をもっていた。1990年ごろのこのような事情については、『日経金融新聞』の1988年、89年の特集(注1)がくわしい。

表1-1 世界総人口の0.7％の国・経済圏で多国籍企業のグローバル・バリュー・チェーンのめざましい活動が

(10億㌦)

		対内直接投資残高				対外直接投資残高			
		1990	2000	2010	2017	1900	2000	2010	2017
世界		2,081.3	7,380.5	20,279.4	31,524.4	2,094.2	7,409.6	20,981.8	30,837.9
先進国・地域		1,564.0	5,782.4	13,480.3	20,331.2	1,948.6	6,699.3	17,544.7	23,498.0
	EU	761.9	2,322.1	7,357.4	9,124.0	810.5	2,907.1	9,136.6	10,631.7
	フランス	97.8	184.2	630.7	874.5	112.4	365.9	1,173.0	1,451.7
	ドイツ	111.2	470.9	955.9	931.3	151.6	483.9	1,364.6	1,607.4
	英国	203.9	489.5	1,068.2	1,563.9	229.3	940.2	1,086.3	1,531.7
	北米	652.4	3,108.3	4,406.2	8,891.4	816.6	3,136.6	5,808.1	9,286.2
	アメリカ	539.6	2,783.2	3,422.3	7,807.0	731.8	2,694.0	4,809.6	7,799.0
	日本	9.9	50.3	214.9	207.5	201.4	278.4	831.1	1,520.0
①	ベルギー	a 58.4	a 195.2	873.3	566.9	a 40.6	a 179.8	950.9	690.8
②	ルクセンブルク	—	—	172.3	203.6	—	—	60.6	74.0
③	アイルランド	38.0	127.0	285.6	880.2	14.9	27.9	340.1	899.5
④	オランダ	68.7	243.7	588.1	974.7	106.9	305.5	968.1	1,604.9
途上国・地域		517.3	1,546.1	6,123.1	10,353.5	145.5	690.7	8,059.9	6,898.4
	アフリカ	60.7	152.8	598.3	866.8	20.2	39.9	134.3	365.6
	ラテンアメリカ	111.4	338.8	1,629.2	2,194.4	57.6	53.5	457.2	813.0
⑤	英領バージンb	0.1	30.3	265.2	661.7	0.9	69.8	376.7	879.7
⑥	ケイマンb	1.7	25.6	149.1	374.2	0.6	21.3	90.8	235.2
	アジア	342.9	1,052.7	3,881.2	7,262.9	67.6	597.1	2,465.5	5,707.2
	東アジア	240.6	695.0	1,876.0	3,828.2	49.0	495.2	1,599.1	3,965.8
	中国	20.7	193.3	587.8	1,490.9	4.4	27.7	317.2	1,482.0
⑦	香港	201.7	435.4	1,067.5	1,768.6	11.9	379.3	943.9	1,804.5
	東南アジア	64.3	257.6	1,144.3	2,162.3	9.5	84.5	601.2	1,204.2
⑧	シンガポール	30.5	110.6	632.8	1,284.9	7.8	56.8	466.1	841.4

a ベルギー、ルクセンブルグ計　b 推定値

そして、8国・地域は、2017年に対内直接投資残高が6.4兆ドルとなり、世界総計31.5兆ドルの22％を引きこむ姿となり、一段と強力なブラックホールとなった。

2）他方、8国・地域は、1990年に対外直接投資残高は1800億ドル、それは世界総計2.1兆ドルの9％であった。

そして、2017年には、それらの対外直接投資残高は7兆ドル、——世界総計30.8兆ドルの23％を占めるにいたっている。

それは、戦後最大の資本輸出国、世界の海外直接投資をリードしてきたアメリカの7.8兆ドル、世界総計の25％にほとんど迫るところまできている。

表1-2

	対内直接投資残高		対外直接投資残高	
	1990	2017	1990	2017
世界 A	2,081.3	31,524.4	2,094.2	30,837.9
フランス	97.8	874.5	112.4	1,451.7
ドイツ	111.2	931.3	15.6	1,607.4
英国	203.9	1,563.9	229.3	1,531.7
アメリカ	539.6	7,807.0	731.8	7,799.0
日本	9.9	207.5	201.4	1,520.0
5ヵ国計 B	962.4	11,384.2	1,426.5	13,909.8
B/A	46.2％	36.1％	68.1％	45.1％
①～⑧8ヵ国・地域計 C	399.1	6,914.8	183.6	7,029.7
C/A	19.2％	21.9％	8.8％	22.8％

表1-3

	人口 2006年
世界 A	654,000
5ヵ国計 B	63,240
B/A	9.7％
8ヵ国・地域計 C	4,306
C/A	0.66％

もしアメリカにつづく資本輸出大国である英、仏、独、日4ヵ国合計と比べるならば、2017年6.1兆ドル、世界総計の20％であるから、8国・地域がすでに上まわっている

3）このように世界の総人口の0.7％にすぎない8国・地域は、今日、世界の多国籍企業の投資活動によって、第1段階としてその地域に彼らの投資の大きな部分を集中させ、第2段階として、そこからグローバルな投資を展開する方式が現れている(注2)。

　WIR 2018は、21世紀になってからの世界の多国籍企業の投資活動を分析し、彼らの地域統合センターとして、物流センターとして、あるいは金融活動のハブとして、8国・地域のような特異な地域がつくり出されていることをつたえている。

　それはまた、多国籍企業のグローバル・バリュー・チェーンにもっとも深く統合された経済的地域ということである。（図3－p.52参照）

（注1）『日経金融新聞』は、1988年7月から89年7月にかけて、月2回ぐらいで「タックスヘイブン情報」と題する大特集をおこなった。
　　そのころは、日本の大企業、大金融機関の海外展開がスピードアップしたところで、その案内書を大特集したようである。
　　たとえば、「オランダ――容易に資金調達ができる。受取配当は非課税。同国は40か国と租税条約を取りむすんでいるから、それを利用できる。
　　香港――利用が簡単、会社を設立すれば、税調査がなく、覆面投資が容易である。
　　ケイマン諸島――税法自体存在しない」等々。
（注2）『マルクス「資本論」の方法と大混迷の世界経済』p.102 表3、表4参照。（『UNCTAD投資・企業課ワーキングペーパー』2015.3.26、Fig.3, Fig.4から作成）

Ⅳ　財務省の「最終投資家ベース」での対日直接投資残高公表のねらいは何か

1）財務省は次のように説明している。

「財務省は、2018年7月に本邦対外資産負債残高（年次）の参考資料として直接投資残高地域別（対内）（最終投資家ベース）（33か国・地域、収録開始期2015年末）を公表することとした。

本統計は、海外親会社から本邦関連会社への直接投資残高について、最終的な支配力を有する投資家（最終投資家）の所在国を相手国として、国・地域別に集計するもので、クロスボーダーの直接投資にかんする実態把握に役立つものとしてIMF等国際基準において推奨されている」とのことである。

国会図書館の調査・立法考査局からの提供資料によると、日銀国際局の集計結果（表2）について、次のように説明している。

「このような方法で集計した直近2年分のわが国の対内直接投資残高における最終投資家ベースでの計数を直接投資家ベースの計数と比べてみると、欧州（オランダ・英国）、アジア（シンガポール・香港）、中南米（ケイマン）からの投資が下回り、北米（米国）や欧州のうちフランス、ドイツからの投資が上回っている。

こうした結果からは、米国、フランス、ドイツに所在する企業が税制面での優遇措置がとられる国・地域（オランダ、英国、シンガポール、香港、ケイマン等）に総括拠点をおいて、こうした国・地域から日本に投資している姿がみてとれる。」

2）「最終投資家ベース」の海外から日本への直接投資の数値の異変に

ついて、『日経』(2018.8.18)は次のように解説している。

表2 直接投資家および最終投資家の国別にみた対内直接投資残高

(億円)

	2015年末			2016年末		
	直接投資家の国別 (公表値) (A)	最終投資家の国別 (試算値) (B)	直接投資家の国別 との差分 (B)-(A)	直接投資家の国別 (公表値) (A)	最終投資家の国別 (試算値) (B)	直接投資家の国別 との差分 (B)-(A)
合計	209,846	209,846	+0	222,555	222,555	+0
アジア	35,997	27,146	-8,852 ↓	42,411	31,761	-10,650 ↓
中華人民共和国	790	790	-0	1,033	1,681	+648
香港	9,328	5,646	-3,683	9,870	6,137	-3,733
台湾	4,481	4,564	+83	6,822	5,298	-1,525
大韓民国	3,843	4,180	+336	3,993	5,166	+1,173
シンガポール	16,285	11,461	-4,824	19,601	12,822	-6,779
タイ	164	62	-102	227	103	-124
インドネシア	79	158	+78	105	56	-49
マレーシア	853	169	-684	595	308	-286
フィリピン	79	66	-13	74	76	+3
ベトナム	0	0	+0	1	-7	-7
インド	86	7	-80	88	72	-17
北米	63,395	84,973	+21,577 ↑	62,539	92,235	+29,696 ↑
アメリカ合衆国	61,998	83,378	+21,380	60,987	90,334	+29,346
カナダ	1,398	1,595	+197	1,551	1,901	+350
中南米	13,474	8,926	-4,548 ↓	14,091	9,267	-4,824 ↓
メキシコ	3	263	+260	3	279	+275
ブラジル	83	-1,393	-1,476	39	-1,276	-1,315
ケイマン諸島	10,599	8,576	-2,023	11,206	8,534	-2,672
大洋州	2,483	1,571	-913 ↓	2,955	1,744	-1,211 ↓
オーストラリア	2,052	1,145	-907	2,519	1,263	-1,256
ニュージーランド	385	383	-2	354	406	+52
欧州	94,137	84,708	-9,429 ↓	100,246	85,087	-15,158 ↓
ドイツ	2,809	11,697	+8,888	3,952	8,639	+4,688
英国	15,878	7,277	-8,601	15,167	8,304	-6,863
フランス	29,889	41,485	+11,596	32,686	44,248	+11,562
オランダ	29,016	7,245	-21,771	25,965	6,192	-19,773
イタリア	1,120	690	-431	1,183	714	-469
ベルギー	631	312	-318	738	347	-391
ルクセンブルク	4,467	4,121	-345	5,139	4,151	-988
スイス	10,699	9,890	-809	12,214	11,375	-839
スウェーデン	1,544	819	-725	1,776	613	-1,163
スペイン	324	-194	-517	929	-156	-1,085
ロシア	56	52	-4	60	57	-3
中東	200	2,105	+1,905 ↑	117	1,775	+1,658 ↑
サウジアラビア	27	184	+156	30	-435	-465
アラブ首長国連邦	21	1,570	+1,549	58	1,671	+1,613
イラン	―	―	―	―	―	―
アフリカ	121	84	-37 ↓	159	102	-56 ↓
南アフリカ共和国	1	2	+1	1	2	+1

「グローバル企業が、低税率の国を経由して投資するといった実態が見えてきた。

2017年の新たな統計では、既存の地域別統計と比べて、オランダが7割、英国が5割、シンガポールが2割ほど投資額が激減。これらの国の共通点は、税制や法制度の面からグローバル企業が欧州やアジアの『地域統括拠点』をおく国であることだ。」

新旧統計を直接投資残高シェアで比較すると、オランダ、シンガポール、英国、ケイマン諸島、香港、ルクセンブルク計でマイナス20％になる。逆に、アメリカ、フランス、ドイツ計でプラス17％になる。

先にグローバル・バリュー・チェーンの視点から明らかにされてきた問題点が、対日直接投資の新統計からもうかがえるようになった。

しかし、上記の『日経』の解説から、やや気になる二点がある。

その一は、「政府は、新統計を対日投資をよびこみふやすため活用しようとしている」と。内外の多国籍企業の脱税・租税回避対策のための活用はどうなるのか？

表3　2017年の直接投資残高シェアの新旧統計比較

	従来統計（％）	新統計（％）	差（％）
アメリカ	25	35	+10
フランス	15	20	+5
オランダ	13	4	-9
シンガポール	9	7	-2
英国	7	3	-4
ケイマン諸島	6	4	-2
香港・	4	3	-1
ルクセンブルク	4	2	-2
スイス	3	5	+5
台湾	3	3	
韓国	2	2	
ドイツ	2	4	+2

（オランダ～ルクセンブルク計 -20%）

もう一つは、「今回は直接投資が対象で、資産運用のためにファンドなどにお金を出す投資家などの動向はわからない」と。

　UNCTAD WIR 2015 は多国籍企業の税金逃れ問題特集で、「オフショアの投資ハブ（活動の中心地）はグローバルな展開に大きな役割を果たすようになった。クロスボーダーの投資資産（それは直接投資プラス特別目的会社〈SPEs〉通過の投資）の約30％が、その生産資産のある行き先に行きつく前に導管（conduit）を通過している。通過投資は、2000年代の後半から急増するようになった」と指摘している。（前出『マルクス「資本論」の方法と大混迷の世界経済』p.98）

　要するにグローバル企業の税金逃れを規制するためには、直接投資を最終投資家ベースでとらえるだけでなく、「資産運用のためファンドなどにお金を出す投資家など」も、最終投資家ベースでとらえなければならないとうことである。

V　多国籍企業の税金逃れ目的の企業構造複雑化問題

　UNCTAD WIR 2016 は、多国籍企業がグローバルに形成していくきわめて複雑な形態が、各国の投資規制政策にとって難題をつきつけていることを特集している。

（1）オフショア金融ハブを通過させる投資の流れ

　WIR 2015 が多国籍企業の税金逃れの企業構造づくりのため、特別目的会社（SPEs）をつくり、通過させる投資をふやしていることを特集したことについては、『『資本論』の方法と大混迷の世界経済』第3章で述べた。それは2012年までの資料についてである。

WIR 2016 は、2015 年にそれが急増したことを指摘して図4を示している。

　図4をながめると、流入と流出とが同形で重なっており、オフショアにつくられた SPEs をただくぐりぬけるだけという姿が見えてくる。

　ところで、オフショア投資の流れの大部分を占める特別目的会社（SPEs）の投資の流れは、2015 年にいちじるしい変動を記録した。

　a．2015 年における SPEs 関連投資の一次的受け入れ国はルクセンブルクである。そして、ルクセンブルクにおかれた SPEs への流れは、米国の金融投資ファンドに関連している。SPEs の対内的流れは年末の3か月にマイナスに転じ、約1150億ドル減となったが、それはルクセンブルクにおかれた SPEs が企業内ローンを2070億ドル返済したかのようである。

　b．オランダへの SPEs 関連の流入は2015 年にはね上がり、第3四半期の1480億ドルへと上昇、2007 年第3四半期以後最高レベルに達した。それも、ルクセンブルクにおけるように、第4四半期にはその

図4　SPEs（特別目的会社）をくぐりぬける投資の流れ（2006Q1-2015Q4）

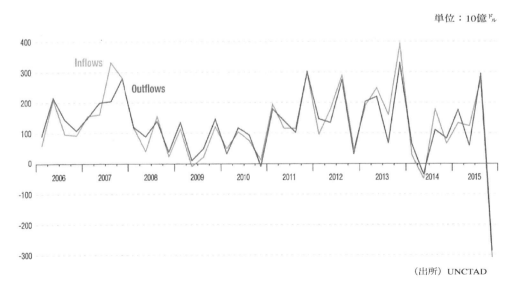

単位：10億ドル

（出所）UNCTAD

流れは激しく後退し、資本金と利益再投資分合計約2000億ドルを脱ぎすてている。

このような傾向は、投資全体の流れの地理的分析によると、ルクセンブルクと英国の投資家によって生み出されている。

ルクセンブルクとオランダにおけるSPEsの投資の流れが強く結びついている関係は、両国における企業の間の細密で複雑なネットワークの存在を、そして資本の急速な流れは、金融上の必要と税金逃れの方法思考とを浮かび上らせている。

c．カリブ海域における金融センターへの投資の流れは低下したが、まだ高いレベルにある。

　最大の金融センターは英領バージン諸島とケイマン島であり、圧倒的な量を占めている。

2010～2014年に英領バージン諸島とケイマン島への投資の流れの源泉の地理的分布は以下のとおりである。

	億ドル	
香港・中国	1,480	33%
中国	450	10%
計	1,930	43%
米国	930	21%
ロシア	770	17%
ブラジル	230	5%

この期間に香港、中国が地理的に近く、歴史的に長い結びつきをもってきた米国の2倍以上になっているというのは驚きである。

カリブ海域における金融センターへの投資の流れについては、国際調査報道ジャーナリスト連合（ICIJ）により、2012年から秘密ファイルの解析がはじめられ、これまでたびたびその記事が発表されてきた。

2014年1月発表記事、および2016年発表記事（パナマ文書）により、中国、香港・中国から英領バージン諸島などへのペーパーカンパニー設立の流れが総体のなかの一大部分を占めていることが明らかにされた。

　2014年の文書によると、中国、香港・中国からの流れの歴史的ないきさつが述べられている。それは90年代の鄧小平氏による改革開放政策にはじまる。また90年代のアジア債務危機の際、中国が資本規制を強化したことや、香港が中国に返還される97年が近づくと、その後のリスクへの不安の高まりから、一度は香港に会社を移していた多くの中国人がタックスヘイブンでの会社設立──バージン諸島など──の流れを大きくしてきた。（『朝日』2014.1.24）

　パナマ文書によると、ペーパーカンパニーづくりにかかわってきた主な金融機関のリストが明らかにされている。そこには、HSBC（英）系、クレディスイス（スイス）系、UBS（スイス）系、ソシエテジェネラル（仏）系など、リーマン・ショックをおこした欧州大銀行勢の系列とならんで、いくつかのルクセンブルクの金融機関が名をつらねている。

	設立依頼法人数
エクスペルタ・コーポレート＆トラスト・サービス（ルクセンブルク）	1,659
J・サフラ・サラシン・ルクセンブルク（ルクセンブルク）	963
ソシエテ・ジェネラル系（ルクセンブルク）	465
ランズ・バンキ・ルクセンブルク（ルクセンブルク）	404
HSBC系（モナコ）　　HSBC系（スイス）	1,511
クレディ・スイス系（英領チャネル諸島）	918
UBS（スイス）	579

（『日経』2016.4.9）　（出所）ICIJ

a、b、cをとおして述べた新しい現象は、後述する最近の多国籍企業の生産的投資と彼らの収益実現との間の重大な断絶傾向に深くかかわっていると思う。(表4参照)

表4　海外子会社に計上された収益 (25国・地域、2014)

	価額 (10億ドル)	対総額費 (%)	対GDP倍率
オランダ	155	12.3	17.6
米国	114	9.1	0.7
英国	98	7.8	3.3
ルクセンブルグ	74	5.9	114.4
スイス	62	5.0	8.9
アイルランド	61	4.9	24.3
シンガポール	57	4.6	18.6
バミューダ	44	3.5	779.4
カナダ	41	3.3	2.3
中国	36	2.9	0.3
ドイツ	32	2.6	0.8
ブラジル	32	2.5	1.3
ケイマン諸島	30	2.4	874.9
ベルギー	26	2.1	4.9
オーストラリア	24	1.9	1.7
香港、中国	23	1.9	8.0
スペイン	21	1.7	1.5
日本	18	1.4	0.4
ロシア	18	1.4	1.0
フランス	17	1.4	0.6
スウェーデン	15	1.2	2.7
メキシコ	15	1.2	1.2
ノルウェー	13	1.0	2.6
カタール	12	1.0	5.9
オーストリア	12	1.0	2.8
特記　208国・地域	1,258	100.0	1.6

(資料：WIR 2016 T.1.2, UNCTAD)

同報告書は、税と投資にかかわる政策の国際的合意が緊急に必要であるとして、次のように指摘している。
　「世界的に政策当事者にとって鍵となっている関心事は、各国にとって持続可能な経済成長をおしすすめようとしているとき、多国籍企業の生産的な投資と彼らの収益形成との間に重大な断絶があることである。WIR 2015 が明らかにした多国籍企業の税金対策上の行動による財政上の損失はきわめて大きい。多国籍企業の対外直接投資収益総額の大きな部分が、低税率の、しばしばオフショア管轄区内にあることは問題である。」（表４）

（２）高度に複雑化した多国籍企業の特徴

　多国籍企業を総体として見れば多様である。その大きなグループは単純で、親会社が少数の子会社を直接的かつ完全に所有する。
　多国籍企業の少数グループは、海外子会社の大きな部分をもつ。１％以下の多国籍企業は、それぞれ 100 以上の海外子会社を所有する。それらは海外子会社総数の 30％以上、多国籍企業のグローバル付加価値の約 60％を占めている。UNCTAD のトランスナショナリティ・インデックス＊上位 100 社の多国籍企業は、それぞれ 500 社以上の子会社を 50 か国以上にもっている。
　　＊多国籍企業のトランスナショナリティ・インデックス：
　　　①外国資産／総資産、②外国売上高／総売上高、③外国雇用者／総雇用者　の平均値
　明らかに多国籍企業の所有権構造の複雑さは、子会社の数が果たしるほど増大する。
　図５は、多国籍企業の子会社数によるクラス分けによる多国籍企業の数、および付加価値額の分布を示している。
　興味深いこととして、UNCTAD は、チューリヒ・研究チームと同様

にOrbisデータにもとづいて分析をおこなっている(チューリヒ研究チームは2007年データベース、UNCTADは2015年11月データベース)。

1社以上の海外子会社をもつ32万の多国籍企業、111万の海外子会社がとらえられている。

上位100社について見ると、500以上の子会社を所有し、それらの3分の2以上は海外にある。最大級の多国籍企業の階層的深さは7レベルで、15レベルのものもある。(表5)

所有権ハブ(ownership hubs)の利用はごく当たり前。上位100社平均で、グループのための投資関連活動をおこなう20の所有会社(holding companies)をもつ。

所有会社は、投資家にとっての金融上の優遇、規制上・制度上の優遇のある管轄区域内におかれる。その地はまた、所有会社が巨大な経済圏のなかで海外子会社のネットワークをつくるための橋頭堡として利用する。(図6)

図5 多国籍企業の子会社数によるクラス分け(%)

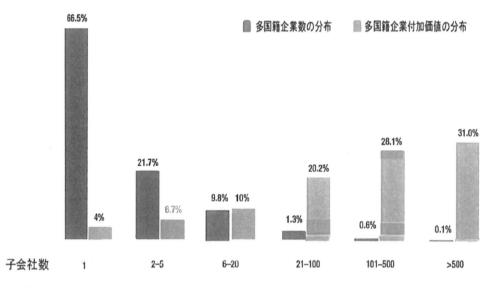

(出所) UNCTAD Orbis data (2015年11月) にもとづく分析

表5 UNCTAD 上位100多国籍企業の所有権の複雑さ

グループの指標	平均	最小	中間	最大
子会社数				
総数	549	118	451	2,082
海外子会社数	370	41	321	1,454
階層の深さ（1＋国境をこえる数）	7	3	6	15
ネットワーク内の国数	56	8	54	133
オフショアセンター内子会社数	68	7	55	329
所有会社数	19	0	15	155

（出所）WIR 2016 T.IV.2, UNCTAD Orbis(2015.11)による。

図6 多国籍企業所有権構造の様式

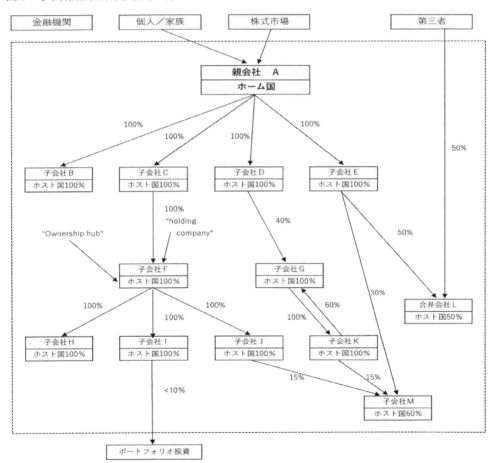

（出所）UNCTAD WIR 2016 Fig. IV .3 p.130

VI　多国籍企業の税金逃れ、どこから打開してゆくか

　最後に、筆者は多国籍企業の税金逃れ問題にかんして最近のUNCTADのWIRが焦点を当てている諸点は重要だと考えている。

　1．多国籍企業は国境をこえる投資により、彼らの企業構造を形成してゆく。その際、彼らは税金逃れの効果を最大にするようなグローバル企業構造をつくり出そうとする。

　2．多国籍企業は、生産拠点とする海外子会社が生み出す収益への投資受け入れ国での課税をまぬかれるため、タックスヘイブンへ収益を移転させる方式をとる。

　UNCTADのWIRは、多国籍企業の税金逃れの企業構造形成にとって、これまでOECDのリストにあげられていたタックスヘイブン（38地域）とならんで、オランダ、ルクセンブルクなどが重要な役割を果たしていることを強調している。

　オランダ、ルクセンブルクなどがOECD加盟国であり、またEU加盟国であることに注目する必要がある。

　3．UNCTADのWIRは、多国籍企業が最近彼らの海外子会社があげた収益を無税地域をくぐりぬけさせるため、特別目的会社（SPE）づくりという形態を多くとるようになったことに焦点を当てている。たとえば2012年に、オフショアセンターを除く国への投資総額のうちオフショアセンターを除く国からの投資は70％、オフショアセンターからの投資は30％。そして、オフショアセンターからからの投資のうちわけは、特別目的会社通過が18％、タックスヘイブン通過が12％であると、特別目的会社くぐりぬけ投資の方が量的に大きくなっていることを指摘している。

オランダ、ルクセンブルクとは、長期的に特別目的会社にかんする記録をもっており、また、SPE管轄区として国際的に大きなシェアをもっているとのことである。

4．以上の諸点をふまえて、当面わが国で多国籍企業の税金逃れを封じるための税制改革として、以下３点をあげておく。

1）海外子会社（孫会社を含め）からの配当金に対して実質非課税をやめさせる。

2）タックスヘイブンをはじめ総てのオフショアハブへの投資に対しては、特別目的会社形態をも含めて、みなし方式で課税する。

3）なおリーマンショックの経験からも、特別目的会社（SPE）形態の海外投資そのものに対して、全面禁止を含めきびしい規制をかける必要がある。

【参考文献】

1．川村健吉『影の銀行』中公新書、2010年8月
2．志賀櫻『タックス・ヘイブン』岩波新書、2013年3月
3．総特集「多国籍企業・グローバル化企業と日本経済」『経済』2019年6月号

第 3 章

1965年日韓基本条約の歴史的背景と安倍晋三政治の源流

I　戦後日本の経済拡大は、朝鮮戦争"特需"からはじまった

　それは、アメリカ占領軍司令部の指令のもと日本の工業力をアメリカの軍事的緊急調達計画に参加させることだった。

　『戦後経済史』(経済企画庁戦後経済史編纂室編 1960.9.15) は、戦後、アメリカの占領下日本の経済拡大がどのようにはじまったかについて述べている。

　以下、それからの引用である。
　第3期　経済拡大政策期
　朝鮮動乱ブーム

　第1章　総説
　「朝鮮動乱の勃発以降においては、戦時に生じた生産設備の質および規模におけるギャップを取戻すために経済を拡大しようとする動きが顕著となり、それを促進する政策がとられたが、その拡大への足がかりは動乱によって増大した輸出と特需による外貨収入にあった。」(p.221)
　第2章　動乱ブーム過程の経済政策
　1951年5月、マーカット（総司令部経済科学局長）声明が出された。そのなかで、
　「米国は、日本を欧州諸国とともに米国の緊急調達計画に参加させることの利益を十分認識している。米国は日本の工業力を、東南アジアの原料生産の増加と、工業力の増強に最大限に利用できると考えている」など、明らかになった。(p.265)
　第3章　動乱ブーム後退過程の経済政策
　(a)　「朝鮮動乱の勃発によって、特需を中心に日本経済は活況を呈す

るにいたったが、占領当局と日本政府との間では、<u>日本の工業生産力をアメリカの国防動員計画のなかに組入れる</u>一連の計画がつくられ、<u>日米経済協力</u>という線で一つの方向を志向していたのである。

　この日米協力とは、次のような形態のもとおこなわれた。第1に、開発用資金はアメリカが負担する。第2に、開発用資材ならびに技術の供給は主として日本がおこなう。第3に、開発された資源は日本とアメリカを中心として、いわゆる自由世界の総合的防衛生産計画のなかに編入される。

　このような考え方は、現在でも（1960年）なお、東南アジア開発計画のなかに強く反映していることは否定しえない。」(p.297)

(b)　<u>兵器、航空機の生産再開</u>

　「総司令部は平和条約の発効（1952年4月28日サンフランシスコ条約・日米安保条約発効＝筆者注）に備え、1952年2月8日付で日本政府に対し兵器、航空機等の生産、修理を禁止した1945年9月2日付の指令第3号の第4条第1項に、『当司令部の承認なくしては』とつけ加える旨指令した。

　従来禁止されていた、

1　武器、弾薬または戦斗用具
2　これを組立てるためとくに設計し生産された部分品、粗成品または成品。
3　戦斗用海軍艦艇
4　民間用に設計されたものを含む一切の型式の航空機
5　これを組立てるために設計あるいは生産される部分品、粗成品および材料

　<u>の生産は総司令部の許可があればできることとなった</u>。」(p.323, 324)

　「なお朝鮮動乱後1952年3月末までの米軍の兵器関係の特需は新昭和産業、千代田産業など26社に対する<u>小型弾丸</u>約16億円、丸紅

など25社に対するナパーム爆弾用タンクおよび部分品約27億3,000万円、日本化工、帝国化工、大日本ディゼルなどに対する各種照明弾約13億円に達したが、これは占領軍の命令によったものであり、許可制が実施されてからは、興亜化工の大型照明弾5,000発、大阪機工の追撃砲400門、芙蓉金属の同砲弾5万発などの申請が出された。」
(p.324, 325)

(c) 賠償指定の解除

　政府は平和条約の発効前から総指令部へ賠償指定工場の転活用を申請していたが、1952年3月末、旧播磨陸軍造兵廠を神戸製鋼に、旧枚方陸軍造兵廠を小松製作所に、旧呉海軍工廠の高圧延設備を淀川製鋼所に、同発電設備を日亜製鋼に、それぞれ貸与してよい旨の許可を受けた。

　さらに総司令部は4月26日、賠償にあてられていた850の軍需工場を日本政府に返還したが、その内訳は航空機工場314、軍工廠131、航空機兵器研究所25、製鉄工場19（八幡製鉄所を含む）、工作機械工場94、造船工場18、人造ゴム工場6、その他である。

　このうち一部は日米安全保障条約にもとづいて、米駐留軍が使用するため依然として米軍の管理下に残された。

II　1965年日韓基本条約とアメリカのベトナム侵略戦争

　アメリカが日韓両国政府に日韓国交正常化をやらせようとした意図は、ベトナム侵略戦争に韓国軍兵士を多数派遣させるため、日本から対韓経済協力の形式で韓国へ資金を出させることであった。

　以下、歴史学研究会編『世界歴史年表』（岩波書店1994年3月）により、60年代の動向を見ると：

1961年　5月16日　朴正熙（パク・チョンヒ）のクーデター^(注1)により、張勉内閣総辞職。朴正熙は7月3日最高会議議長となり、11月12日来日し、日韓会談早期妥結で合意した。

1962年　2月9日　アメリカは、南ベトナムサイゴン米軍事援助顧問団を援助軍司令部に格上げした。

11月12日　日韓予備会談で財産請求権問題を合意。

1963年　1月1日　南ベトナムアプバク村で米軍が解放戦線を攻撃し、大打撃を与えた。

10月15日　朴正熙、大統領選に勝利。

1964年　3月9日　韓国で対日屈辱外交反対汎国民闘争委員会が結成。

6月3日　韓国政権、ソウルに非常戒厳令を公布して、日韓会談反対運動を弾圧した。

8月2日　アメリカがトンキン湾事件をおこし、ベトナム侵略戦争を本格的にすすめる。

1965年　1月8日　韓国、南ベトナムへ非戦闘員派遣を決定。

2月7日　アメリカ、北爆開始。

3月8日　アメリカ海兵隊3500名、ダナン上陸。

6月12日　日韓基本条約調印。

7月2日　韓国、南ベトナムに戦闘部隊1個師団派遣を決定。

8月14日　韓国、日韓条約批准強行。

10月1日　インドネシア9.30事件、米CIAが裏でインドネシア共産党員大虐殺^(注2)がはじまる。

　　（注1）ティム・ワイナー『CIA秘録（上）』（2008.11）によると、「CIAは、1953年7月朝鮮戦争休戦からまもなく、李承晩大統領を絶望的と見なし、何年もの間、彼を交代させようとしてきた。」（p.97）

　　　また、ジョン・ピルジャー『世界の新しい支配者たち』（2004.2）によると、米国務省内で李承晩の打倒を立案し指導した人としてマーシャル・グリーンが『クーデターマスター』として知られていた。そのマー

シャル・グリーンがインドネシアの1965年の9.30事件後、インドネシア共産党員の100万人をこすともいわれる大虐殺がはじまる3か月前にジャカルタの米国大使館に着任した、とのことである。(p.41-43)

（注２）ティム・ワイナー『CIA秘録（下）』(2008.11)によると、「1965年3月5日、インドネシアで展開中の秘密活動にかんしてCIA幹部は303委員会で『人口１億6500万の国を"共産陣営"にわたすならば、ベトナムの勝利もほとんど意味をなさなくなる』と述べた。」(同書p.397)

その頃のアメリカのアジア戦略においては、ベトナム戦争とインドネシア共産党攻撃とは、一体の最重要課題であった。くわしいことは『今日の世界資本主義と「資本論」の視点』(本の泉社、2014.12)第7章参照。

今取り上げている問題について、筆者が60年代に書いた論評がある。現在進行形の観察を記しているので、以下引用しておこう。

「最近の日米経済関係の問題点」（『経済』1967.9、立川史郎で発表）

「アメリカと日本の支配層が日米安保条約の永続化をたくらみ、"日米経済協力"をいっそう緊密にしつつある背景に、次のような注目すべき情勢がある。

ベトナム人民の英雄的なたたかいによって、アメリカ帝国主義は、侵略戦争を拡大すればするほど、いっそうどろ沼の深みにおちこみ、彼らの戦死者数は増大していく。アメリカの国内の矛盾は、ベトナム戦争で肉弾として最前線にかりたてられ国内では失業と貧困のどん底に落とし入れられている黒人大衆の大闘争となって爆発するにいたっている。

このような情勢下でアメリカは、4万5000以上の増派を決めるとともに、いわゆる『ベトナム参戦国*』に対して兵力増派の圧力をかけている。

さしあたっては、日本からの支持、日本の負担をいっそう増大させること、たとえば軍事基地の拡張や核基地化、韓国など『参戦国』からより多くの軍隊を送り出させる代償に、韓国など『参戦国』への日本の援助を増大させることなどを要求している。
　　＊韓国、フィリピン、タイ
　現在特徴的なことは、アメリカ帝国主義のベトナム侵略戦争が日本独占資本にアジアで進出をはかる機会を拡大していることである。
　アジア進出をめぐる『日米経済協力(注3)』の焦点となっているところは韓国とインドネシアである。
　いわゆる対日請求権の使用計画は、米韓経済協力委員会によって作成されたが、そのなかでは第1に、鉄道、港湾、電力などの軍事的潜在力強化に役立つ部分が多いこと、第2に、原料、資材が多いことが注目される。第2の点についてみると、これはアメリカからの『援助』削減により原料不足で困っている韓国の資本家に与えられ、軍需産業の原料として加工されたのちベトナムへ輸出され、それで入手した米ドルは韓国政府の軍事費をおぎなう仕組みになっている。
　また『無償援助』供与分の原料、資財の販売代金は、『請求権資金管理特別会計』にくり入れられ、これも60万韓国軍の維持費にあてられる。
　一方、『日韓条約』で10年間で3億ドル以上とされていた民間商業借款は、1967年2月現在4億1101万ドルに達し、2年間で10年先の目標をこえた。
　韓国政府は、昨年7月の『外資導入法』の成立、本年4月の『韓国開発金融株式会社』創立など、外資受け入れ体制の整備を急いでおり、最近、東銀、三菱、富士、三行の支店開設も許可し、8月1日には日韓合弁企業第1号（大日金属が49％で、工作機械製造）設立を承認した。こうして今後日本独占資本の対韓投資は、直接投資形態を含めてふえていく情勢である。」

（注3）1960年代にアメリカのベトナム戦費が増大してゆくとともに、アメリカの国際収支の赤字が大きくなり、アメリカからの金の流出が大きくなり、第２次大戦後のアメリカの世界経済支配の柱であったIMFの国際通貨体制（米ドルが基軸通貨、対外的に１オンス金＝35ドル）の危機が大きくなっていった。

　それとともにアメリカは、日本に対して、アメリカの対外援助政策の補完役をやらせるための圧力を大きくしていった。このことは、アメリカが日韓両国政府に国交正常化をあのような形でやらせようとしてきた背景でもあった。

　開発援助委員会（DAC）加盟国援助実績統計によって見ると、日本の対外援助は、1960年２億4610万ドルから68年10億4930万ドルへと約５倍に激増。DAC加盟国合計に占める割合は、3.0％から8.1％へと、加盟国のなかで最大の増大ぶりであった（アメリカの割合は47.1％から44.0％へ）。

　このような過程は、現実には、日本政府がアメリカ政府からの圧力に従わされる形で進行した。

　たとえば68年６月、ベトナム侵略の米国防長官から世銀総裁に変身したマクナマラが来日してきて、佐藤内閣の外務大臣、大蔵大臣らに、対インドネシア債権国会議が取り決めた３億2500万ドルの三分の一を日本にのませようとして、次のようなきつい言葉をはいた。「日本はインドネシアに対して、わずか１億1000万ドルの援助で東南アジアの安定と平和が買えると思っているのか」と。

　彼はさらに、インドネシアの1965年の9.30事件をもち出して、「あの当時の情勢がそのまますすめばインドネシアは完全に赤化していた。そのような時点になってから西側寄りの政権をつくろうと思えば、数百億ドルあるいは数千億ドルの資金を必要としただろう。

　それから見れば、１億1000万ドルは非常に微々たるものではない

か」との圧力をかけた（「68年の国際通貨危機とアメリカ帝国主義」〈『経済』1969.2〉、『転機に立つ日本経済』新日本出版社、1971.11 p.105-147）。

III　1962年11月の大平正芳外相と金鐘泌KCIA部長会談の謎

　2005年1月韓国政府は、1950～60年代の日韓国交正常化交渉をはじめて一般公開した。それによると「62年11月に大平正芳外相と金鐘泌(ジョンピル)中央情報部（KCIA）部長が無償3億ドル、有償2億ドルなどの経済協力で合意した」と。

　片や第2次池田内閣の大平正芳外相と片や金鐘泌KCIA部長との組合わせで、この時の日韓国交正常化交渉の最重要内容にかかわる取り決めがおこなわれたということである。これは全く謎につつまれたできごとである。

　筆者は、その後、この謎は、ロバート・ホワイティング『東京アンダーワールド』（2000.6）から解けてきた思いである。

　著者はアメリカ人政治学者。1960年代上智大学に入学し、その後ながく日本で執筆活動をおこなってきた。

　この本のなかでは、戦後日本の政界の最大の黒幕児玉誉士夫や、暴力団の町井のことがたっぷり出てくる。その多くの事は、私自身直接体験してきたことや、調査してきたことから、十分納得できる話である。

　しかし私自身はじめて知る事柄があった。それは1948年、A級戦犯だった児玉が、GHQにより釈放されるとすぐにGHQのスパイ謀略部門であるG2に雇われて、さまざまな悪事をやってきたということである。

また、暴力団町井も、G2に雇われていたとのことである。

　何よりも驚きだったのは、「アメリカの利権がからんだもう一つの"町井・児玉プロジェクト"があった。日韓正常化協定の基礎づくりである」とのこと。(p.104)
　「町井の親友のなかに、韓国CIAの幹部がいることが幸いした。米CIAの支援のもと、親米派の軍事独裁者朴正煕を擁立するため、1960年にゴリゴリの反日家、李承晩追い落としを工作した人物だ。これによってアメリカは、太平洋地域にNATO軍事同盟を築くことができた。
　東京の暗黒街の連中が、このような形でアメリカのアジア政策に貢献していたとは、考えてみれば驚きである。
　日韓基本条約は1965年に締結された。準備金として大金を託された児玉と町井は、朝鮮半島のためそれらを費やした。韓国にカジノやホテルやキャバレー、その他のベンチャー・ビジネスをオープンするという形で。」(p.104, 105)
　このように、町井の親友である韓国CIA幹部が、アメリカが日韓会談の早期妥結のためやらせた朴正煕の李承晩打倒のクーデター（61年5月）で大きな働きをしたとすれば、朴正煕がすぐさま来日して日韓会談の早期妥結合意（61年11月）にゆきつき、すぐその後（62年2月）、金鐘泌KCIA部長と大平外相との間で日韓正常化交渉の最重要内容の取り決めがおこなわれたという流れは、まことによく理解できることである。

Ⅳ　戦後アメリカのアジア戦略と旧日本戦犯勢力とのつながり、安倍晋三政治の源流

　レーニンの『帝国主義論』によると、1914年、第1次世界大戦のころは、6大列強——イギリス、ロシア、フランス、ドイツ、日本、アメリカ——のなかで、アメリカは、植民地領有（人口）の点では日本よりも下で、最下位であった。アメリカのアジアにおける植民地はフィリピン一国だけであった。

　そのアメリカが、第2次世界大戦後、軍事的にも、経済的にも、一極集中的に、絶大な力をもつようになり、その上、1947年には、トルーマンの"冷戦宣言"にはじまる"力の政策"による世界支配のプログラムをおしすすめるようになった。

　しかし、アジアでは、アメリカは、中国革命勝利の情勢に対して、各国で数々の作戦をたてたけれど、米CIAがやってきたことはへまばかり。そこでアメリカは、1868年明治維新の直後から、4分の3世紀にわたり、アジア諸国を侵略し、荒らしまくってきた日本の戦犯勢力を直接利用するほかないと気づいたようだ。

　米CIAの資料によれば、米占領軍は、日本の敗戦直後の1945年9月には参謀本部の諜報責任者、有末精三を最初の日本人スパイにするなど、日本軍の諜報機関のメンバーをアメリカの手下にしてきた。

　1948年、東条ら7名の絞首刑執行直後、米占領軍はA級戦犯の岸信介、児玉誉士夫らを出獄させた。

　その直後から米CIAは、岸信介にたっぷりカネをわたし、日本の首相にすることに成功した。

　ティム・ワイナー『CIA秘録（上）』によると、「CIAは1948年以

降、外国の政治家をカネで買収しつづけていた。しかし、世界の有力国で将来の指導者をCIAが最初に選んだ国は日本だった」と、CIAの手柄話になっていたようだ。(p.177)

　ところで戦後インドネシア共産党は、党員数ではアジアで中国共産党に次ぐ力をもち、スカルノ政権を支えてきた。
　岸信介は、首相になるとすぐに、インドネシアとの平和条約・賠償協定を取り結び（1958.1）、その後インドネシアのジャカルタは日本の戦犯勢力の活動の場となった。
　一方CIAは、スカルノ政権内には有力な手がかりがなかったので、ジャカルタの日本の戦犯勢力の仲介をえて、スカルノ政権内の重要人物であったアダム・マリクと直接結びつくことができた。また、当時インドネシアで活動していたCIAのクライド・マカボイは、かつて東京で岸信介にCIAのカネをわたす係りであった。
　このようにして、米CIA、マリク、スハルトの体制が形成され、この体制によって、9.30事件後のインドネシア共産党員の大虐殺がおしすすめられるようになったわけである。
　このCIAのクライド・マカボイとマリクとの仲介をした日本の戦犯勢力のなかには、児玉誉士夫の「東日貿易」のメンバーがいた。
　児玉誉士夫が日韓国交正常化の土台をつくったことについてはすでに述べた。
　彼は右翼で、戦争中は上海に軍の物資調達の児玉機関をつくり、中国の各地にのりこんで暴力で戦略物資などを強奪し、カネメノモノをためこんできた。そのもとがあったから、児玉は出獄後戦後日本の保守党づくりのためのカネを出して、保守政界の大黒幕となったわけである。
　1976年のロッキード事件で、児玉の保守政界黒幕としての歴史は終った。
　しかし、長年児玉のやる仕事を手伝ってきて、自民党のなかでも最右

翼の政治家となった中曽根康弘は、1980年代に首相になり、「戦後第2の反動攻勢の時期」をつくり出した。

もう一方のA級戦犯岸信介の流れは、直接その孫、安倍晋三により引き継がれている。

今日われわれは、目前で安倍晋三首相が、一方では、全世界の平和と安全を脅かしているトランプ米大統領にはすり寄り、もう一方では、韓国大法院（最高裁）の徴用工問題の判決に対して、それは1965年に解決ずみだと居丈高に異議をとなえている有様を見ている。

戦後、4分の3世紀がたとうとしているが、われわれの安倍政治を終らせるたたかいの勝利のために、戦後のその源流から安倍政治の正体を明らかにする必要があると考える。

【参考資料】
1．「第2次世界大戦終結70年　第2部安倍首相と逆流の系譜　①〜⑦」
（『赤旗』2015. 1. 17〜25）
2．「戦時強制動員　アジア各地に100万人超、見捨てられた朝鮮人」
（『赤旗日曜版』2018年9月9日号
3．新原昭治「過去のアメリカの核兵器使用計画をふりかえる」『核兵器使用計画を読み解く――アメリカ新核戦略と日本』第2章（2002. 9）

第 4 章

マルクス『資本論』の方法への追記

はじめに

　『経済学をいかに学ぶか』（2016.10）の冒頭部分、「第１章　商品と貨幣――単純な商品流通」「１商品の分析」では、『資本論』の初版への序言からの次の引用からはじめた。
　「ブルジョア社会にとっては、労働生産物の商品形態または商品の価値形態が経済的な細胞である。素養のない者にとっては、この形態の分析はただいたずらに細かいせんさくをやっているように見える。この場合には実際細かいせんさくが肝要なのであるが、それはまさしく、微細構造的解剖学でそのようなせんさくが肝要であるのと同じことである。」
（『資本論』新日本出版社　Ⅰ a p.8）
　ところでこの時筆者は、「労働生産物の商品形態または商品の価値形態がブルジョア社会にとっての経済的細胞である」ということの意味をたちいって考えることなく、ただちに「マルクス経済学は商品の分析からはじめられる」として、どのように商品の分析をすすめるかについての説明に入った。
　それから 10 年以上たち、筆者自身の体調悪化で救急車のお世話になる機会も果たし、2016 年には最悪状態に、わけても視力障害が悪化して、本も資料も読めなくなった。経済調査は、1960 年以来のわがライフワーク。それが絶たれた苦しみが大きかった。入院などもあり、2017 年に入ってから、視力障害（両眼の像が一致しない）がよくなったわけではないけれども、わが脳がそれになれたらしく、視野は狭くなったが一眼流で本や資料など読めるようになった。細々ながらわがライフワークに戻れるようになった。
　喜びのあまり『資本論』をまた第１巻から読み直すことにした。その

時、ブルジョア社会にとっては、「労働生産物の商品形態または商品の価値形態が経済的な細胞である」に強く引かれた。私なりのせんさくがつづいた。

そして、そこにはヘーゲル論理学の『始元論』がかくされていると考えるようになり、「第１章『資本論』の方法への覚え書き」に私の考えを述べたわけである。（『マルクス「資本論」の方法と大混迷の世界経済』第１章Ⅰ「資本論」とヘーゲル論理学）

以下、『資本論』の方法、その弁証法的展開について、その大事だと考える点について、補足的に述べておきたい。

Ⅰ　労働生産物の商品形態――労働生産物から商品への道

（１）それは異なる共同体のあいだでの直接的な生産物交換からはじまる

「直接的な生産物交換は、一面では簡単な価値表現の形態をもっているが、他面ではまだそれをもっていない。直接的な生産物交換の形態は、ｘ量の使用対象Ａ＝ｙ量の使用対象Ｂである。ＡとＢという物は、ここでは、交換の前には商品ではなく、交換を通してはじめて商品となる。」（『資本論』Ⅰａ p.148）

ここにはヘーゲルの「有論」の「有、無、成」の始元論があると考える。

異なる共同体のあいだで直接的な生産物の交換がやられるようになった、――有。しかし、それはまだ商品交換ではない、――無。だが、それは労働生産物の商品へのゆるやかな転化のはじまりである、――成。
（『マルクス「資本論」の方法と大混迷の世界経済』p.28, 29）

なおマルクスは、このところを、第1章商品につづく第2章交換過程で述べているため、筆者は以前気づかなかったようだ。

（2）商品分析の対象におかれる商品

　ヘーゲル論理学は、1．有の論理学、2．本質の論理学、3．概念の論理学、と展開する。そして、1と2は<u>客観的論理学</u>、3は<u>主観的論理学</u>と区別されている。
　そこで客観的論理学の展開の流れを見取り図的に示すと：
　研究対象である商品はまず有論中の定有としてすえられる。（図1）
　ここで<u>定有</u>としておかれた商品は、前述したとおり、労働生産物からその商品形態が現れる<u>有、無、成</u>の始元論的過程を前提としている。

図1　ヘーゲル弁証法の見取り図

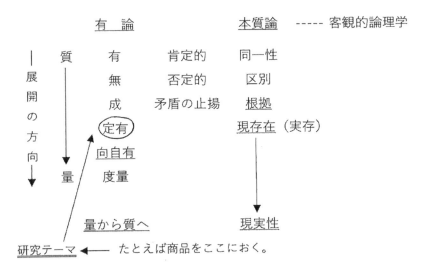

第4章　マルクス『資本論』の方法への追記

次に、定有としておかれた商品から商品の質的規定、その本質の規定を探り出すためには、ヘーゲルの有論によると、向自有としてそれをとらえ直さなければならない。

向自有は、有論レベルの考察をすませてから本質論レベルの考察へすすむための重要な規定(注1)である。

ヘーゲルによると、定有にはその他者との関係で定有内に生じた質的規定がある。それは向他有である。そこで、本質論の考察へすすむとき、定有から向他有をすべて取りのぞいて、純粋な形態、向自有を取り出さなければならない。

> （注1）ヘーゲルは次のように述べている。「定有を原理としようとすれば、それはたとえば事物があるとか、これらの事物は有限的であるとか、これらは互いに関係をもつといった、われわれの意識のなかにあるものであろう。しかし、これはわれわれの没思想的な意識のカテゴリー、すなわち仮象である。
>
> 　これに反して、向自有は有の形における自分自身への単純な関係（ただし他者の否定によるそれ）である。私が向自にあるというときには、私は単にあるのではなく、私のなかにおいてすべての他者を否定する。すなわち、その他者が外的なものとして現われるかぎり、それを私から排除するのである。私に対して自身否定であるところの他在の否定として、向自有は否定の否定であり、したがって肯定である。」（ヘーゲル『哲学史（上巻）』p.390）

そこにはまた、マルクスの経済学批判があることも重要である。

アダム・スミスは商品の交換価値について、二義の説明をおこなっている。「資本主義以前の社会では、その商品の生産に費やされる労働の量。資本主義の社会では、その商品が、その所有者に購買または支配しうる労働の量である」と。

マルクスは、商品の分析によりその質的規定を取り出すためには、アダム・スミスの方法への批判をおこなうとともに、商品に含まれる資本主義的生産との関係で生じる質的規定を取りのぞいて、つまり最初の定有としておかれた商品を向自有にして、向自有の商品に対する分析をおこなったわけである。

（3）マルクスの商品分析には、ヘーゲル論理学の分析論がある

　<u>ヘーゲル論理学の分析論</u>によると、分析は対象のなかに直接に含まれている概念規定を取り出すこと。そして、取り出された概念規定のなかに含まれている具体的なものから再び概念規定を取り出すこと。さらにこのような分析をくりかえさなければならない。
　ヘーゲルは次のように述べている。
　「分析的認識は次々と<u>中間項</u>を通過して先にすすんでゆくものではない。そのかぎり規定は<u>直接的</u>であって、まさに対象に固有のもので、対象に即自的に所属するという意味をもち、したがって客観的媒介なしに対象から把握さるべきものである。――しかし一方からいえば、また認識は<u>進展</u>であり、<u>区別の展開</u>でなければならない。……
　この分析の最高のもの、究極のものは抽象的な最高の本質であり、いいかえると抽象的な客観的同一性と、これに対立する差異性とである。だが、この進展は実は分析の本源的行為のくりかえしにほかならない。すなわち抽象的な概念形式のなかへすでに取り入れられている<u>具体的なもの</u>を再び規定し、そこでつづいて、この具体的なものの分析がおこなわれ、次にこの分析から生じた抽象的なものを新たに具体的なものとして規定し、以下また同様にしてすすんでゆく。」(『大論理学（下巻）』「ヘーゲル全集」8　岩波書店 p.306, 307)

(4) マルクスの商品分析は、「有論」の質的規定の考察の後に、「本質論」の本質規定の考察へとすすむ。そこにはヘーゲル「本質論」の大きな特徴が見られる

ヘーゲルによると、まず研究対象の内的本質を探る段階からはじめなければならない。それは自己の内部にかくされている内的本質を考察することである。それには、自己と自己内他者との相互媒介関係を探る反省的思考を働かせなければならないとしている。

労働生産物が商品形態となっている。商品にとって自己内他者は商品生産労働。そこから、商品価値は抽象的人間的労働の対象化であるという規定と、商品生産労働は具体的有用労働と抽象的人間的労働という二重性の規定とが明らかにされる。(『「資本論」の方法と大混迷の世界経済』p.20-p.22)

図2　マルクスの商品分析の流れ

	商品（本体）	商品生産労働	商品生産者がつくり出す社会的生産形態
分析1 直接態	商品の二重性 （使用価値／交換価値）		
分析2	交換価値 労働の結実 ＝価値	労働の支出	
分析3	商品の二重性 （使用価値／価値） 抽象労働の対象化＝価値	労働の二重性 （具体労働／抽象労働）	
分析4	価値体として等置しあう関係	互いに同等の労働として認め合う関係	生産物の私的交換をつうじてつくられる社会的生産有機体

「マルクス『資本論』とアリストテレス・ヘーゲル」p.21

図2マルクスの商品分析の流れは、分析をくりかえしてすすめること（分析1、分析2、分析3、分析4）と、商品とその自己内他者である商品生産労働との相互媒介関係をさぐる反省的思考と、最後には、商品生産者がつくり出す社会的生産形態との相互媒介関係をさぐる反省的思考の流れとを示している（上から下へのタテの流れと、左から右へ、右から左へとヨコの流れの組み合わせがある）。

II　商品の価値形態──商品から貨幣への道

（1）マルクスはもっとも簡単な価値形態のなかに貨幣形態の秘密が含まれていることを明らかにする

　マルクスはエンゲルスへの手紙（1867.6.22）のなかで、次のことを述べている。
　「経済学者たちは次のような簡単なことを見落としてきた。20エレリンネル＝1枚の上着という形態は、ただ20エレリンネル＝2ポンド・スターリングという形態のまだ未発展な基礎でしかないということを、したがって商品の価値をまだ他のすべての商品に対する関係として表わしていないで、ただその商品自身の現物形態とは違うものとして表わしているだけの、もっとも簡単な商品形態が、貨幣形態の全秘密を含んでおり、したがってまた、労働生産物のいっさいのブルジョア的形態の全秘密を縮約して含んでいる、ということがそれだ。」（『ME全集』31、大月書店 p.256, 257）
　ここにも商品から貨幣への道の始元論的考察がある。
　そして、マルクスは『資本論』で商品のもっとも簡単な価値形態を分析して、その等価形態の独自性（特色）を次のように明らかにした。

1)　使用価値が価値の現象形態になっている。
　2)　具体的労働が抽象的人間的労働の現象形態になっている。
　3)　私的労働が直接社会的労働の現象形態になっている。
　つまり、簡単な価値形態の等価形態には、貨幣形態の未発達な姿があると。

　レーニンは、『哲学ノート』で上記のマルクスの簡単な価値形態の分析とヘーゲル論理学との深いつながりを、次のように指摘している。

　「抽象的な概念をつくり、それを運用するということは、それとともにすでにそのうちに世界の客観的連関の合法則性の観念、確信、意識を含んでいる。

　概念の客観性、すなわち個別的なものおよび特殊的なもののうちにおける普遍的なものの客観性を否定することはできない。

　したがってヘーゲルは、概念の運動のうちに客観的世界の運動の反映を研究するとき、カントその他よりもずっと深いのである。

　ちょうど、単純な価値形態、すなわち一つの特定の商品と他の一つの商品との交換という個別的な行為がすでにそのうちに、未発達の形で、すべての主要な諸矛盾を含んでいるように、——もっとも単純な普遍化、諸概念（諸判断、諸推理、等々）の最初でもっとも単純な形成は、人間が世界の客観的連関をますます深く認識していくことを意味する。ここにヘーゲルの論理学の真の意味と意義と役割を求めなければならない。このことに注意せよ。」（『哲学ノート』上巻、岩波文庫 p.152, 153）

（2）マルクスは、発生論的推論により、商品から貨幣が生れる道を明らかにしている

　すなわち、簡単な価値形態、展開された価値形態、一般的価値形態（貨幣形態）と、展開された価値形態を発生論的推論の中間項において、商品から貨幣を導き出している。

ここで筆者がマルクスの発生論的推論とことわったのは、ヘーゲルの個別—特殊—普遍の形式をとる推論とは、その意義が異なると考えたからである。くわしいことは『マルクス「資本論」とアリストテレス、ヘーゲル』第2章2（3）参照。

（3）マルクスの商品分析にはヘーゲル「本質論」の本質規定の第1段階がかくされているが、価値形態の分析にはその第2段階がかくされている

　ヘーゲルの「本質論」によると、本質の規定は三つの段階をふんで高められてゆく。その三段階とは；
1）自己の各内部の規定のなかにとどまっている、内的な本質規定。
2）定有のなかに現れ出たものという規定。実存と現象という面での規定。
3）その現象と合一したところの本質、現実性としての規定。
　（『大論理学（中巻）』「ヘーゲル全集」岩波書店 7 p.7）

　マルクスの商品分析は、価値は抽象的人間的労働の対象化であること、および商品生産労働の二重性という本質規定を明らかにした。それは第1の段階の本質規定である。
　ところで、商品を手にとってながめても、価値は見えない。
　しかし、商品分析につづく商品の価値形態の分析へすすむとき、マルクスは次のことを指摘している。
　「商品のうちにつつみこまれている使用価値と価値との内的対立は、一つの外的対立によって、すなわち二つの商品の関係によって表わされ、この関係のなかでは、それの価値が表現されるべき一方の商品は、直接にはただ使用価値としてのみ意義をもち、これに対して、それで価値が表現される他方の商品は、直接にはただ交換価値としてのみ意義を

もつ。したがって、一商品の簡単な価値形態は、その商品に含まれている使用価値と価値との対立の簡単な現象形態なのである。」(『資本論』Ⅰa p.105)

これはヘーゲルのいう「定有のなかに現れ出たものという規定、実存と現象という面での規定」であり、また「二つの自立的な全体性として措定されたもの（商品Aと商品Bと…筆者注）をその両面としてもつ本質的相関」である。(『大論理学（中巻）』p.184, 185)

Ⅲ　資本――貨幣の資本への転化

『資本論』第4章 貨幣の資本への転化 第1節 資本の一般的定式 は次のようにはじまる。

「商品流通は資本の出発点である。商品生産、および発達した商品流通―商業―は、資本が成立する歴史的諸前提をなす。

商品流通の質料的内容、すなわちさまざまな使用価値の交換を度外視して、この過程が生み出す経済的諸形態だけを考察するならば、われわれは、この過程の最後の産物として貨幣を見い出す。商品流通のこの最後の産物が資本の最初の現象形態である。」（Ⅰa p.249, 250）

マルクスは、このように、商品流通は資本の出発点、商品流通の過程の最後の産物である貨幣が資本の最初の現象形態である、としている。

ここにもすでに見てきたヘーゲルの始原論的考察がある。

ところで、マルクスは、貨幣の資本への転化をいくつもの段階をふんで導き出している。

（1）貨幣は資本の最初の現象形態である

　マルクスは、次のように指摘する。「まず循環 G － W － G（貨幣の循環）と、W － G － W（商品の循環）との形態上の区別の特徴を明らかにすることが重要である。この特徴を明らかにすれば、同時に、これらの形態上の区別の背後にかくれている内容上の区別も明らかになるだろう」と。（Ⅰa p.252）

　そこから、W － G － W は使用価値が、あるいは消費、欲求の充足が循環の究極的目的であるのに対して、G － W － G は、この循環を推進する動機と目的は交換価値そのものである、と。

（2）もし G － W の G と W － G の G とが同額ならば、このような循環の運動はおこりえない

　したがって G － W － G という形態ではなく G － W － G′、G′ ＝ G ＋ΔG（剰余価値）という形態でなければならない。「最初に前貸しされた価値は、流通のなかで自己を維持するだけでなく、流通のなかで剰余価値をつけ加え、自己を増殖する。この運動が最初に前貸しされた価値を資本に転化させる。」（Ⅰa p.256）

　したがって、資本の一般的定式は G － W － G′ でなければならない。
　ここでマルクスが、「したがって事実上、G － W － G′ は直接に流通部面に現れる資本の一般的定式である」（同前 p.265）としていることに注意する必要がある。

（3）マルクスは、直接に流通部面に現れる資本の一般的定式であるとするG－W－G′にもとづいて、ヘーゲル「本質論」における同一性、区別、矛盾、その止揚＝根拠、実存という弁証法的展開の考察をおこなっている

　マルクスは、ここで投入された貨幣の資本への転化は、「流通部面のなかでおこなわれなければならず、しかも流通部面のなかでおこなわれてはならない」という、「直接に流通部面に現れる資本の一般的定式」に内在する矛盾を提示する。
　この矛盾の止揚は：
　第1に、貨幣所有者が市場でその使用価値そのものが価値の源泉であるという独自の性質をもっている一商品を——それは労働力である——見い出すことができること。
　第2に、貨幣所有者は、流通部面の外にある生産部面で、購入した労働力と生産手段とを結びつけ、彼が監督する労働過程で価値の増殖（剰余価値の生産）をおこなうこと。
　労働力商品の使用価値である生きた労働は、二重性がある。抽象労働としては新しい価値を形成し、剰余価値を生み出す。具体労働としては、ある使用価値をもつ生産物をつくり出すと同時に、生産手段そのものの価値を生産物のなかに移す。
　貨幣の資本への転化は、マルクスの歴史的考察も重要である。
　すなわち、貨幣所有者の資本家への転化、資本誕生の決定的契機は労働の賃労働への転化であるが、それは人間の社会発展史のなかで、奴隷制、農奴制などさまざまな古い経済制度がくずされた末、進行する原始的蓄積とよばれる過程を経てのことである。

（4）資本は流通部面と生産部面とをあわせてもつから、資本の一般的定式は G ― W（A, Pm）…P…W′-G′で現される

　マルクスは、直接に流通部面に現れる資本の一般的定式である G ― W ― G′には流通部面のなかでおこなわれなければならない、流通部面のなかでおこなわれてはならないという矛盾があることを提示した。それならば、<u>流通部面と生産部面とをあわせてもつ資本の循環は G ― W（A, Pm）…P…W′― G′</u>であるということになる。これは第2部第1篇の貨幣資本の循環の形態と一致する。「貨幣資本の循環は、産業資本の循環のもっとも一面的な、それゆえもっとも適切でもっとも特徴的な現象形態であり、産業資本の目的および推進的動機――すなわち価値増殖、金もうけ、および蓄積――が一目瞭然に表われている。」（『資本論』II p.96）

　筆者は資本の一般的定式をこのように提示すべきであると考え、『経済学をいかに学ぶか』（新日本出版社 2006.10）第2章、1．貨幣の資本への転化 〈3〉資本の一般的定式をめぐる問題（p.63～68）でそのことを説明した。

IV　資本一般の研究から資本の総過程（現実の運動）でとる具体的諸形態の研究へ――『資本論』第1部、第2部から第3部への展開

（1）マルクス自身が語る『資本論』のなかの最良の二つの点

　マルクスは『資本論』第1部の初版への序言を書いてから間もなく、1867年8月24日、エンゲルスへの手紙で次のように書いている。

「僕の本のなかの最良の点は次の2点だ。(1) 第1章ですぐに強調されるような使用価値で表わされるか交換価値で表わされるかに従っての労働の二重性、(2) 剰余価値を利潤や利子や地代などというその特殊な諸形態から独立的に取扱っているということ。これらの特殊な諸形態をいつでも一般的な形態と混同している古典派経済学におけるこれらの形態の取り扱いはごった煮のようなものだ。」(『ME全集31』p.273)

第1の点、労働の二重性の意義については、ⅠおよびⅢですでに見てきたとおり。

第2の点について見ると、マルクスが剰余価値を利潤や利子や地代など剰余価値の特殊な諸形態から独立に取扱うためにとった方法は、資本一般の研究、資本の一般的研究をまずきわめつくすことだった。

たとえば『経済学批判』の原稿について、彼はエンゲルスへの手紙 (1858.4.2) で次のように書いている。

「第1部 資本 4つの篇 1．資本一般 (第1分冊の題材)、2．競争、3．信用、4．株式資本。」

なおマルクスは、資本一般の研究の際の前提として、価格は商品の価値と一致すること、労賃はつねにその最低限に等しいということ、土地所有はゼロと仮定すること(注2)などをあげている。

マルクスは、クーゲルマンへの手紙 (1862.12.28) のなかで、資本一般の研究に力を注がなければならないことについて、次のように書いている。

「『資本』という表題で独立に出版される。第1篇の第3章のところは『資本一般』を含んでいるにすぎない。諸資本の競争や信用制度は含まれない。イギリス人が『経済学の原理』とよぶものが収っている。そして、それは最初の部分であるとともに真髄です」と。

(注2) マルクスからエンゲルスへの手紙 (1858年4月2日) で：

「Ⅰ資本は四つの篇に分かれる。(a) 資本一般(これが第1分冊の題材だ。(b) 競争、(c) 信用、(d) 株式資本。

Ⅰ資本　第1篇資本一般(この篇の全体をつうじて労貨はつねにその最低限に等しいということが前提される。

土地所有はゼロと仮定される。すなわち特殊な経済関係としての土地所有はここではまだ問題にならない。ただこのようなすすみ方によってのみ、どの関係について語る場合にもそのつどすべての関係について語る、ということが避けられるのだ。)」(『ME全集』29 p.246)

「恐慌が商品の価値変動とは一致しない価格変動および価格革命から生ずるかぎりでは、それは当然資本一般の考察のところで説明することができない。資本一般の考察のところでは価格は商品の価値と一致していることが前提されているのである。」(1861～63年草稿『草稿集』6 p.721)

(2)『資本論』第3部から資本の総過程でとる具体的諸形態の研究の内容が展開される

マルクスは第3部の冒頭の言として、その内容について次のように述べている。

「われわれはすでに資本主義的生産は、全体として観察するとき、生産過程と流通過程との統一であることを見た。流通過程を再生産過程として観察した際(第2部第3篇)、そのことはくわしく論究した。

この第3部で問題となるのは、この"統一"についての一般的反省(Allgemeine Reflexion)をおこなうことではありえない。

肝要なのは、むしろ全体として観察された資本の過程から生じてくる具体的諸形態を見つけ出し叙述することである。

現実の運動のなかでは諸資本は、このような具体的諸形態――この諸形態にとっては、直接的生産過程における資本の姿態も、流通過程にお

ける資本の姿態も、特殊な契機としてのみ現われるような、このような具体的諸姿態で相対しあう。

われわれがこの第3部で展開するような資本の諸姿容は、それらが社会の表面で、生産者当事者自身の日常の意識のなかに最後にさまざまな資本の相互の行動である競争のなかに現れる形態に一歩一歩近づく。」
(『資本論』Ⅲ a p.45,46)

先述したとおり、マルクスは資本一般の研究の段階として、剰余価値をその特殊な諸形態であるところの利潤、利子、地代などから独立させて研究してきた(注3)。(マルクス自身、前述のようにエンゲルスに、僕の本の第2の最良の点であると書き送っている。)(本書p.99)

そして第1部、第2部から第3部へすすめば、資本の現実の総過程のなかで現われる資本の諸姿態の研究へ、すなわち剰余価値の特殊な諸形態である利潤、利子、地代などの研究をすすめていく。

第1篇　剰余価値の<u>利潤</u>への転化
第2編　利潤の<u>平均利潤</u>への転化
第3篇　資本主義的生産の発達における<u>一般的利潤率の傾向的低下の法則</u>
第4篇　商品資本と貨幣資本の<u>商品取扱資本</u>と<u>貨幣取扱資本</u>または<u>商人資本</u>への転化
第5編　利潤の<u>利子</u>と<u>企業者利得</u>（産業利潤、商業利潤）への分裂、<u>利子生み資本</u>
第6編　超過利潤の地代への転化
第7篇　<u>諸収入</u>とその源泉

　　（注3）マルクスは、『資本論』第3部第2篇第9章平均利潤率と生産価格のなかでも、次のように指摘している。
　　　「従来の経済学は、価値規定を基礎として固持できるようにするため

に、剰余価値と利潤との、または剰余価値率と利潤率との区別をむりやり捨象するか、そうでなければ、現象面において目立つ前記の諸区別を固持するために、この価値規定とともに科学的態度のいっさいの基礎を放棄するかしたという事情——理論家たちのこの混乱こそは、競争戦のとりこになってその諸現象を少しも見抜かない実務屋の資本家が、外観を貫き通してこの過程の内的本質と内的姿態とを認識することではどんなにひどく無能でしかありえないかを、もっともよく示している。」(Ⅲ a p.286)

　重要なこととして、第1部、第2部から第3部への展開にも、ヘーゲル「本質論」の大きな特徴がかくされている。
　先に、マルクスの商品分析には、ヘーゲル「本質論」の本質規定の上向する諸段階のうちの第1段階がかくされており、価値形態の分析にはその第2段階がかくされていることを指摘した。(p.95)
　あらためてヘーゲルの本質規定の上向する諸段階について見ると：
第1、最初に自己の内部の規定のなかにとどまっているところの"即自有"的本質（内的な本質）という規定を明らかにすることからはじめなければならない。
第2、つづいて、定有のなかに現れ出たものという規定、いいかえると、実存（現存在）と現象という面での規定を明らかにしなければならない。
第3、さらにつづいて実存する姿を現す本質、すなわち現実性としての規定を明らかにしなければならない。
　そして、マルクスが第3部において展開する内容について、「われわれはすでに資本主義的生産は、全体として観察するとき、生産過程と流通過程との統一であることを見た。
　この第3部で問題となるのは、この"統一"についての一般的反省をおこなうことではありえない。肝要なのは、全体として観察された資本

の過程から生じてくる具体的諸形態を見つけ出し叙述すること」としたところに、はっきりと第1段階、第2段階の本質規定はすでに明らかにされたから、第3部では、いよいよ第3段階の本質規定を明らかにしていくことに進まなければならないことが述べられている。

　第3部では、全体として観察された資本主義的生産の総過程から生じてくる具体的諸形態を見つけ出していくことであるとされた。
　そして、第1篇から第7篇までをとおして、利潤、平均利潤、一般的利潤率の傾向的低下の法則、商品取扱資本と貨幣取扱資本または商人資本、利子、企業者利得（産業利潤、商業利潤）、利子生み資本、地代、諸収入などの具体的諸形態が明らかにされていく。

図3　『資本論』の全体の流れ

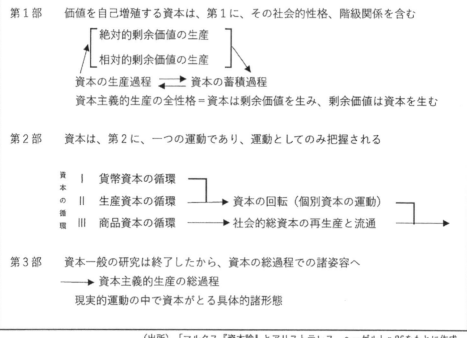

（出所）「マルクス『資本論』とアリストテレス、ヘーゲル」p.86をもとに作成。

しかし、マルクスは、資本の総過程から生じてくる具体的諸形態を見つけ出していく研究も、第３部での展開には一定の範囲がもうけられていることを明らかにしている。

　すなわち、マルクスは、第３部の末尾のところ（第７篇諸収入とその源泉、第48章三位一体的定式）において、次のように述べている。

　「生産諸関係の物化の叙述、および生産当事者たちに対する生産諸関係の自立化の叙述では、われわれは、それらの連関が、世界市場、その商況、市場価格の運動、信用の期間、商工業の循環、繁栄と恐慌との交替によって、生産当事者たちにとっては、圧倒的な、不可抗力的に彼らを支配する自然法則として現われ、彼らに対して盲目的な必然性として作用するその仕方・様式には立ち入らない。

　なぜなら、競争の現実の運動はわれわれのプランの範囲外にあるのであり、われわれはただ、資本主義的生産様式の内部組織のみを、いわばその理念的平均において、叙述すべきだからである。」（Ⅲｂ p.1460）

（３）『資本論』第２部では剰余価値の利潤への転化の中間項が明らかにされている

　またマルクスが、第１部での剰余価値の解明から第３部での利潤の解明へと展開するために、第２部で――それはまた資本一般の研究段階であるが――剰余価値から利潤への転化のさまざまな中間項の考察をおこなっていることに注目する必要があると思う。

　マルクスは第１部第３篇第９章「剰余価値の率と総量」のところで、それにかかわる諸法則を提示する。

　第３の法則は、労働力の価値が与えられていれば、可変資本が大きければ大きいほど、生産される価値および剰余価値の総量もそれだけ大きい。すなわち、生産される剰余価値の総量は、前貸しされる可変資本の大きさに正比例する。

そしてこの法則は、資本の有機的構成（不変資本〔c〕：可変資本〔v〕）が1：2であろうと、1：10であろうと、いま定立された法則はそれによって影響されないことを指摘してから、つづいて、以下のように述べている。

「<u>この法則は、外観を基礎とするすべての経験と明らかに矛盾している</u>。だれでも知っているように、使用総資本の百分比構成を見た場合、相対的に多くの不変資本および少ない可変資本を使用する紡績業者は、だからといって、相対的に多くの可変資本および少ない不変資本を動かす製パン業者よりも小さい剰余価値を手に入れるというわけではない。<u>この外観上の矛盾を解決するためには、なお多くの中間項が必要なのである</u>。」（『資本論』Ⅰ a p,532）

以下、そのいくつかの中間項について述べる。（前出『経済学をいかに学ぶか』第7章剰余価値から利潤へ　1．剰余価値から利潤への転化は第2部で準備された p.230〜240）

1）生産資本の回転から「資本にとっての生産費」である「費用価格」（不変資本の価格＋労賃）というカテゴリーが生まれる前提が明らかにされる。

　　また、利潤＝販売価格－費用価格であり、利潤の計算そのものに費用価格が入ってくる。

2）生産資本の回転のなかに現れる固定資本と流通資本との区別は、費用価格、利潤、利潤率などの量的規定に入る。

3）前貸資本価値が同じでも、1年間に生み出す剰余価値の大きさは、剰余価値率が一定であるとしても、資本の回転時間の違いにより、資本の回転時間＝生産時間＋流通時間における流通時間が相対的に長いか短いかの違いにより、変化する。

ここではとくに3）の流通時間と関連する問題を取り上げる。
　マルクスは、1857－58年の『経済学草稿』で次のように述べている。
　「資本が一定の期間に生み出すことのできる剰余価値は、一定の期間に価値増殖過程が何回反復されうるか、すなわち、資本が何回再生産されうるか、によって規定されているということ。しかしこの再生産の回数は、生産局面の継続時間の、この期間全体に対するのではなくて、この総時間マイナス流通時間に対する比率によって規定されているということ。
　だから、流通時間は、資本が自己を、したがってまた剰余価値を再生産する能力を取り消されている時間として現われる。
　だから資本の生産性――すなわち資本が剰余価値を創造すること――は、流通時間に逆比例するのであり、もしも流通時間が減少してゼロになるなら、最大限に達することになる。……
　それゆえ、資本の必然的傾向は、流通時間のない流通であり、そしてこの傾向は、信用と資本のもろもろの信用の仕組みとの基礎的規定である。
　他方ではさらに信用は、資本が、自己を個別諸資本から区別して措定しようと、すなわち、自己の量的制限から区別された資本としての個別的資本を措定しようと努めるときに資本がとる形態でもある。……
　信用が企てるのは、貨幣をたんに形態契機としてのみ措定しようとすることであり、その結果、貨幣はそれ自身が資本であること、すなわち価値であることなしに、形態転換を媒介するようになる。これは流通時間のない流通の一つの形態である。」（『資本論草稿集』2 p.420～422）

　このように第2部資本の流通過程から、剰余価値の利潤への転化のさまざまな中間項が明らかにされている。そこではまた資本の必然的傾向は流通時間のない流通であることや、そのことが資本主義的生産の内部

に、信用、さまざまな信用制度を生み出すことも、明らかにされている。

おわりに

　以上述べたように、マルクス『資本論』の方法にはヘーゲル『論理学』が深く浸透している。
　レーニンはすばらしく簡潔にヘーゲル論理学全体をまとめている。
　1、「概念（認識）は有（直接的な諸現象）のうらに本質（因果性の法則、同一性、区別等々）を発見する。——これがおよそ人間のあらゆる認識（あらゆる科学）の一般的な進み方である。これが自然科学の進み方でもあれば、経済学（および歴史）の進み方でもある。ヘーゲルの弁証法は、このかぎりにおいて思考の歴史の普遍化である。」
　2、「最初にはさまざまな印象が漠然と現れ、そのつぎにあるものがはっきりと姿を現し——その後に質（物や現象の諸規定）および量の概念が発展する。ついで研究と思索が同一性——区別——根拠——本質と現象との関係——因果性等々の認識へとその思考を向ける。
　認識のこれらすべての契機（一歩一歩、段階、過程）は主観から客観へ向かっており、その際それらは実践によって検証されるのであり、そしてこの検証を通じて真理（＝絶対的理念）に到達するのである。」
　レーニンは上記の文を「ヘーゲルの弁証法（論理学）の見取図」のなかで記しており、またこの見取図は、ヘーゲル『哲学史』の「ギリシア哲学史」の後の記述である。（『哲学ノート』下巻 p.130, 131）
　ヘーゲルは、真理はつねに具体的であるという見地を明らかにしている。たとえば、「哲学史の序論」で次のように述べている。
　「したがって真なるもの、理念が諸々の空虚な普遍性のなかにあるも

のではなく、それ自身において特殊なもの、規定されたものである普遍的なもののなかにあるものであることを明らかにするのが悟性に対立する哲学の仕事である。真なるものが抽象的だとすれば、それは真なるものではない。健全な人間理性は具体的なものを志向する。悟性の反省は、せいぜい抽象的理論であって、真なるものではない。ただ頭のなかでのみ正しく、それは何よりも実践的ではない。<u>哲学は抽象的なものとはもっとも相容れないものである。従って哲学の真の内容は具体的である。</u>」(『哲学史』上巻 p.53, 54)

【参考文献】
1．見田石介「マルクスの生産価格理論に対するベーム・バヴェルクの批判について」、見田石介・宇佐美誠次郎・横山正彦監修『マルクス主義経済学講座（下）』（新日本出版社 1971）p.128〜143
2．種瀬茂「商品論」、岡本博之・宇佐美誠次郎・横山正彦・林直道監修『マルクス「資本論」の研究（上）』（新日本出版社 1980）p.193〜199

第 5 章

「マルクスの恐慌論を考える」への追記

I　マルクスのリカードウの過剰生産否定論批判から

　マルクスの恐慌問題考察のゆたかな内容は、『経済学批判』（1861〜63年草稿）の「剰余価値に関する諸学説」リカードウ、とくにその蓄積論（『草稿集』6）に見られる。
　リカードウは、資本主義的生産は過剰生産をおこさないとした。それは、彼がセーの法則——需要と供給とは一致する説を引き継いだからである。それはまた、資本主義的生産を商品生産者が彼自身の消費のために生産をおこなう単純な商品生産のイメージにとらわれたままにしたからであった。
　マルクスは、リカードウの過剰生産否定論を批判するために、<u>資本主義的生産の根本的特徴から過剰生産恐慌の深部の原因を明らかにしよう</u>とした。
　資本主義的生産の目的、動機は、使用価値（単純な商品生産のように）ではなくて、価値の増殖である。その第1は、剰余価値の生産であり、その第2は、剰余価値の資本への転化＝資本蓄積である。
　資本家にとって商品生産は、投下した資本の価値増殖が目的、衝動であって、社会的需要の大きさを考慮しておこなうものではない。
　他方、資本主義的生産自体の根本条件、すなわち剰余価値生産の根本条件は、労働者大衆の生活水準をその必要最低限のレベルにおさえこむことである。そのことによって商品市場総体のひろがりが条件づけられている。
　マルクスは、リカードウの蓄積論批判で次のように述べている。
　「<u>蓄積の全過程</u>は、まず第1に、一方では人口の自然増加に対応するところの、また他方では<u>恐慌において現われる諸現象にとっての内在的</u>

基礎を形成するところの、剰余生産に帰着するのである。
　この剰余生産の限度は、<u>資本そのもの</u>、すなわち、<u>諸生産条件の現有規模と資本家たちの無限の致富衝動――資本化衝動</u>であって、けっしてはじめから抑制されている消費ではない。」(『草稿集』6 p.692)
　「一方では必需品の範囲内に閉じこめられている生産者大衆を基礎とし、他方では資本家の利潤による制限を基礎とする、生産諸力の無制約の発展、したがってまた大量生産、これこそが近代的過剰生産の基礎をなすものである。」(同前 p.740)

II　マルクスのリカードウの蓄積論批判から

　マルクスは、リカードウの著書では、「生産物が労働者によって消費されるかされないかということが問題にされているだけである。しかし、それと同時に<u>問題になることは、不変資本を形成している諸商品の産業的消費</u>である。……
　なによりもまず必要なことは、<u>不変資本の再生産を明らかにしておく</u>ことである」と述べている。(『草稿集』6 p.666, 667)

　「<u>ある生産部面で不変資本として――労働手段および労働材料として――現れるものの大部分は、それと並行する生産部面で同時に生産される生産物</u>である。
　たとえば綿糸は織物業者の不変資本に属するが、それはおそらくその前日にはまだ製造中だった紡績業者の生産物である。……
　それは、<u>一方の生産部面から生産物として出てきて、他方の生産部面へは不変資本を形成する商品として入っていく</u>。」(同前 p.667, 668)
　「資本が大きければ大きいほど、労働の生産性すなわち一般に資本主

義的生産の規模が発展すればするほど、生産から消費（個人的および産業的）への途上に、流通に、市場に存在する商品の量はますます大きくなり、またそれぞれの特殊な資本にとってその再生産の条件ができあがり、市場に存在することの確実性も大きくなる。」（同前 p.682）

「ある部面における現存資本の生産と再生産が他の諸部面における並行的な生産と再生産を前提するのと同様に、一産業部門における蓄積、すなわち追加資本の形成は、他の産業部門における追加的生産の同時的ないし並行的な形成を前提する。
したがって、不変資本を供給するすべての部面の生産規模は同時的に増大しなければならない。
したがって蓄積が可能であるためには、すべての部面において不断の剰余生産が必要であるように思われる。」（同前 p.684）

III　マルクスは「経済学批判要綱」（『1857—58年の経済学草稿』）のなかで資本の流通過程を考察し、資本の必然的傾向は、流通時間なき流通であることを明らかにしている

「資本が一定の期間に生み出すことのできる剰余価値は、一定の期間に価値増殖過程が何回反復されうるかによって規定されているということ、しかし、この再生産の回数は、生産局面の継続期間の、この期間全体に対するのではなくて、この総時間マイナス流通時間に対する比率によって規定されている。
だから、流通時間は、資本が自己を、したがってまた剰余価値を再生産する能力を取り消されている時間として現われる。だから、資本の生

産性——すなわち資本が剰余価値を創造すること——は、もし流通時間が減少してゼロになるなら最大限に達することになる。」(『草稿集』2 p.420)

「それゆえ、資本の必然的傾向は、流通時間のない流通であり、そしてこの傾向は、信用と資本のもろもろの信用の仕組みとの基礎規定である。……

信用が企てるのは、貨幣をたんに形態契機としてのみ措定しようとすることであり、その結果、貨幣はそれ自身が資本であることすなわち価値であることなしに形態転換を媒介するようになる。これは流通時間のない流通の一つの形態である。」(同前 p.421, 422)

IV 『資本論』第2部「資本の流通過程」、第2章「生産資本の循環」から

生産資本の循環を表す一般的定式は：
P…W′－G′－W…P
マルクスはここで以下のことを指摘している。
「W′－G′という行為は、資本価値の循環の継続のために、また資本家による剰余価値の消費のために、W′が貨幣に転化され、販売された、ということだけ想定する。……しかし、W′がたとえば糸を買いとった商人の手中にあってさらに流通するとしても、そのことはさしあたり、この糸を生産し商人に売った個別資本の循環の継続には、少しも関係はない。

全過程はその進行をつづけ、それとともに、その進行によって条件づけられる資本家および労働者の個人的消費も進行をつづける。

これは恐慌の考察に際して重要な一点。」(『資本論』II 新日本出版社

p.120)

「すなわち、W´は、販売され、貨幣に転化されしだい、労働過程の、それゆえまた再生産過程の現実の諸要因に再転化されうる。」(同前 p.121)

V 第3章 「商品資本の循環」から

商品資本の循環を表す一般的定式は：
W´−G´−W…P…W´

この問題でマルクスが以下のように述べているところは、恐慌問題の考察のため重要だと考える。

1）「この循環においてのみ、これから増殖されるべき最初の資本価値ではなく、すでに増殖された資本価値が、価値増殖の出発点として現われる、ということである。
　W´はすでにその第1局面において資本価値の循環をも、剰余価値循環をも含んでおり、剰余価値は、一部は収入として支出されて流通w−g−wを経過し、一部は資本蓄積の要素として機能しなければならないからである。」(『資本論』II p.149)

2）「W´…W´という形態では、総商品生産物の消費が、資本そのものの循環の正常な進行の条件として前提されている。
　総個人的消費は、労働者の個人的消費と、剰余生産物の蓄積されない部分の個人的消費とを含む。
　したがって、消費は、その全体が——個人的消費として、および生産的消費として——条件としてW´の循環に入りこむ。」(同前 p.149)

3)「しかし、循環 W′…W′ は、その進行のなかで W（= A + Pm）の形態にある他の産業資本を前提しているからこそ（また Pm は、さまざまな種類の他の資本、たとえば機械、石炭、油などを包含するからこそ）、この循環そのものが、この循環を次のように考察せざるをえなくする。

　すなわち、循環の<u>一般</u>的形態としてばかりでなく、すなわち個々の各産業資本がそのもとに考察されうる社会的形態としてばかりでなく、それゆえすべての個別産業資本に共通な運動形態としてばかりでなく、同時に、<u>個別諸資本の総和の運動形態すなわち資本家階級の総資本の運動形態として──個別の各産業資本の運動が、他の部分運動とからみあい他の部分運動によって条件づけられる一つの部分運動としてのみ現れる運動として</u>──考察することがそれである。」（同前 p.154, 155）

4)「図式 W′…W′ では<u>商品資本の運動すなわち資本主義的に生産された総生産物の運動</u>は、個別資本の自立的循環の前提として現われるとともに、またその運動そのものが、この循環によって条件づけられるものとしても現われる。」（同前 p.156, 157）

5) ここで4）で述べた生産資本の循環（P…W′–G′–W…P）と商品資本の循環（W′–G′–W…P…W′）とをかさねて見ることで、過剰生産恐慌の問題を考えることができる。

　生産資本の循環の形態を取り、産業資本家たちが追加的投資、資本蓄積をすすめるためには、生産手段諸部門である Pm_1 Pm_2 Pm_3 ……Pm_n に各部門の産業資本家がそろって、同時並行的に追加的投資、資本蓄積、すなわち剰余生産をすすめなければならない。

　このような流れ（それは資本主義的生産にとって根本的特徴であ

る）が総資本による商品資本の循環形態をとる W´ の総量を大きくしていくことになる。

　その一方で、商品資本の循環の形態では、総商品生産物の消費、すなわち①労働者の個人的消費と資本家の剰余生産物の蓄積へまわされない部分の個人的消費、および②生産資本による生産的消費、これらの総量が W´…W´ の正常な進行の前提条件になっている。

　そこで産業資本家たちが必然的におしすすめる同時並行的剰余生産の拡大がますます大きくなっていくとき、どこかの時点で W´…W´ 形態での進行にとっての前提条件とする内的関連を断裂させてしまうことになる。過剰生産が表面に現れるようになり、過剰生産恐慌が発生する。

VI　再生産的資本家が互いに与えあう信用は商業信用──それは信用制度の土台である

1）先に、Ⅲにおいて、マルクスが「経済学批判要綱」（『1857-58年経済学草稿』）で、「資本の必然的傾向は流通時間なき流通であること」、および「この傾向は信用と資本のもろもろの信用の仕組みとの基礎規定である」と指摘していることを見てきた。

2）マルクスは、『資本論』第3部第5篇第30章「貨幣資本と現実資本Ⅰ」で、「再生産資本家が互いに与えあう信用は商業信用であること」、「商業信用は信用制度の土台であること」を明らかにしている。
（MEGA Ⅱ 4．2 p.535）

　そして、商業信用が以下の関連を媒介することを示している。

　「①産業資本家、一つの段階から別の段階への生産的資本の移行。互いに向かいあい、互いに相手のなかに入って、つかみあっている生

産諸部門間の関連。
　②商人、商品が貨幣とひきかえに最終的に売られるまでは、一つの手から別の手への商品の移行。」(同前 p.538)

3）マルクスは商業信用に貨幣信用がつけ加わることを示している。
　「商業信用は、還流が確保されている間は持続し、膨張する。
　再生産過程の膨張のなかでかく乱が生じれば、信用欠乏が生じ、掛買いが困難になる。(同前 p.539)
　そして、商業信用に本来の貨幣信用がつけ加わる。産業家、商人どうしの間の前貸が、彼らへの銀行業者や貨幣貸付業者からなされる貨幣の前貸とまぜあわさる。」(同前 p.540)
　(MEGA Ⅱ 4 の該当箇所については『マルクスは信用問題について何を論じたか』新日本出版社 2002 p.89, 90)

Ⅶ　『資本論』のなかの産業循環にかんする記述から

（1）第1部「第13章機械と大工業」

　「工場制度の巨大な飛躍的な拡張可能性と世界市場への工場制度の依存性とは、必然的に熱病的な生産とそれに続く市場の過充をつくり出すが、この市場の収縮とともに麻ひが現われる。
　産業の生活は、中位の活気、繁栄、過剰生産、恐慌、停滞という諸時期の一系列に転化する。」(『資本論』Ⅰb p.779)

　1　中位の活気　Perioden mittlerer Lebendigkeit
　2　繁　栄　　　Prosperität
　3　過剰生産　　Überproduktion
　4　恐　慌　　　Krise

5　停　滞　　　　Stagnation

（2）第1部「第23章資本主義的蓄積の一般的法則」

「近代的産業の特徴的な生活行路——中位の活気、全力をあげての生産、恐慌および停滞の諸期間からなる10か年の循環という形態は、産業予備軍または過剰人口の不断の形成、大なり小なりの吸収、および再形成に立脚する。産業循環の浮き沈みは、過剰人口に新兵を補充し、そのもっとも精力的な再生産動因の一つとなる。」(同前 Ⅰ b p.1084)

「経済学の浅薄さは、経済学が産業循環の局面転換期の単なる徴候にすぎない信用の膨張と収縮とを、この転換期の原因にすることのうちに示されている。

天体はひとたび膨張と収縮とを交互におこなう運動に投げ入れられるやいなや、この運動を絶えずくりかえす。結果がこんどはまた原因となるのであり、自分自身の諸条件を絶えず再生産するこの全過程の浮き沈みは、周期性という形態をとる。」(同前 p.1084, 1085)

なおフランス語版では、この箇所に次の挿入文がある。

「しかし、機械制工業が、国内の全生産に優勢な影響力をおよぼすなどに深く根をおろすようになった時点、機械制工業によって外国貿易が国内商業を追いぬきはじめた時点、世界市場が新世界で、アジアとオーストラリアで、つぎつぎに広大な領域を併合していった時点、最後に競争場に登場する工業諸国が十分多数となった時点、このような時点以後はじめて、絶えず再生産される循環がはじまったのであり、この循環の相次ぐ諸局面は数年間を含み、それはつねに全般的な恐慌に、一つの循環の終点でもあれば、また新たな循環の出発点でもある全般的恐慌に帰着する。」(同前 p.1085)

ここでは産業循環の局面は：

1　中位の活気　　　　　　Perioden mittlerer Lebendigkeit

2　全力をあげての生産　Produktion unter Hochdruck
　　3　恐　慌　　　　　　　Krise
　　4　停　滞　　　　　　　Stagnation

（3）第2部「第9章前貸資本の総回転。回転循環」

　「資本主義的生産様式の発展につれ使用固定資本の価値の大きさおよび寿命が増大するのに比例して、産業の生命およびそれぞれ特殊な投資分野における産業資本の生命も延び、多年にわたるものに、たとえば平均して10年のものになる。一方では固定資本の発展がこの生命を延長するとすれば、他方ではこの生命は、同様に資本主義的生産様式の発展につれてつねに増大する生産諸手段の変革によって短縮される。それゆえ資本主義的生産様式の発展につれて、生産諸手段の変化、および生産諸手段が物質的に生命を終えるよりもずっと以前に社会的摩滅のために、つねに補填される必要もまた増大する。……
　ただ次のことだけは明らかである。──資本がその固定的構成部分によってしばりつけられている、連結した諸回転からなる、数年間にわたるこのような循環によって、周期的恐慌の一つの物質的基礎が生じるのであり、この周期的恐慌のなかで、事業は、弛緩、中位の活気、大繁忙、恐慌という継起する諸時期を通るのである。」（『資本論』II p.294）

　　1　弛　緩　　　　　　Abspannung
　　2　中位の活気　　　　Mittlerer Lebendigkeit
　　3　大繁忙　　　　　　Überstürzung
　　4　恐　慌　　　　　　Krise

（4）第3部「第22章利潤の分割、利子率」

　「近代的産業がそのなかで運動する回転循環──沈静状態、活気の増

大、繁栄、過剰生産、崩落（草稿では恐慌）、停滞、沈静状態など、そのくわしい分析はわれわれの考察の範囲外にある循環——を考察すれば、……」（『資本論』Ⅲ a p.609）

     1 沈静状態   Zustand der Ruhe
     2 活気の増大   wachsende Belebung
     3 繁　栄   Prosperität
     4 過剰生産   Überproduktion
     5 恐　慌   Krise
     6 停　滞   Stagnation

（5）第3部「第30章貨幣資本と現実資本Ⅰ」

「この産業循環は、ひとたび最初の衝撃が与えられたあとでは、同じ循環が周期的に再生産されざるをえないという事態になる。弛緩状態においては、生産は、それが以前の循環において到達した規模以下に低下する。繁栄期—中位期—においては、生産はこの基盤の上でさらに発展する。過剰生産と思惑（草稿では過剰取引）の時期には、生産は、生産諸力を最高度に緊張させ、ついには生産過程の資本主義的諸制限をこえさせるまでのぼる。」
「再生産過程の全関連が信用制度に立脚しているような生産制度においては信用が突然停止し、現金払いしか通用しなくなれば、明らかに恐慌が、支払い手段に対する猛烈な殺到が、おこらざるをえない。それゆえ一見したところでは、全恐慌が信用恐慌および貨幣恐慌としてのみ現れる。」（『資本論』Ⅲ b p.849〜p.851）

     1 弛緩状態   Zustand der Abspannung
     2 繁栄期（中位期）   Prosperität — der Mittelperiode
     3 過剰生産と思惑の時期   Überproduktion und des Schwindels
     4 恐慌期   Periode der Krise

（1）から（5）までならべて見ると、マルクスの産業循環の各局面の名称は必ずしも統一されていないようだ。

第1部第13章 機械と大工業	第1部第23章 資本主義的蓄積の一般的法則	第2部第9章 前貸資本の総回転	第3部第22章 利潤の分割、利子率	第3部第30章 貨幣資本と現実資本I
		1 弛緩	1 沈静状態	1 弛緩状態
1 中位の活気	1 中位の活気	2 中位の活気	2 活気の増大	
2 繁栄	2 全力あげての生産		3 繁栄	2 繁栄期（中位期）
3 過剰生産		3 大繁忙	4 過剰生産	3 過剰生産と思惑
4 恐慌	3 恐慌	4 恐慌	5 恐慌	4 恐慌期
5 停滞	4 停滞		6 停滞	

VIII 『資本論』第2部第3篇の考察の前提と産業循環の局面

ところで、第2部第3篇「社会的総資本の再生産と流通」では、

生産手段部門　　　I　　$xc + yv + ym = z$
消費手段部門　　　II　　$x'c + y'v + y'm = z'$
年総商品生産物　＝　　I　＋　II

このような表式をおき、単純再生産の場合、つぎに拡大再生産の場合のそれぞれについて、生産手段部門I、および消費手段部門IIの各成分間の量的関係等が考察されている。

ここには、マルクスの第2部第3篇の考察は、産業循環のどの局面を前提においているかという問題がある。

そこで、マルクスが第2部第3篇の冒頭で述べている『資本論』第1部から第2部第1篇、第2篇、第3篇の展開の筋書きの説明のところに

注目しよう。(『資本論』Ⅱ p.562〜564参照)

「しかし、第１篇でも第２篇でも、問題になったのは、いつもただ一つの個別資本であり、社会的資本の自立化された一部分の運動だけであった。

しかし、<u>個別諸資本の循環は、互いのなかに入って結びつき、互いに前提しあい、条件づけあっており、このような結びつきにおいて社会的総資本の運動を形成する。</u>……

いまや社会的総資本の構成部分としての個別諸資本の流通過程（この過程は、その総体において再生産過程の形態をなす）が、したがってこの社会的総資本の流通過程が、考察されなければならない。」（同前 p.564）

そこで筆者は、第３部第30章での繁栄期（中位期）(Prosperität-der Mittelperiode) に注目している。マルクスは次のように述べている。

「<u>再生産過程が過度緊張の状態に先立つ繁栄状態にふたたび達したならば、商業信用は非常に大きく拡張するが、その場合には、実際にふたたびこの拡張には、容易に入ってくる還流と拡張された生産という『健全な』土台がある。</u>この状態においては、利子率は、その最低限よりは高くなるとはいえ、依然として低い。

実際に、<u>この時期こそ、低い利子率、それゆえまた貸付可能な資本の相対的な豊富さが、産業資本の現実の拡張と一致するといえる唯一の時点である。</u>商業信用の拡張と結びついた還流の容易さと規則正しさとは、貸付資本に対する需要の増大にもかかわらずそれの供給を確実にし、利子率の水準が上昇するものをさまたげる。」（『資本論』Ⅲ b p.847, 848）

以上述べたところから、第２部第３篇での考察に前提されている局面は、第３部第30章での繁栄期（中位期）だと考える。

《付録》実体経済と信用の世界との対比

実体経済	信用の世界
貨幣資本 ① 資本の循環の三形態の一つ ② 資本の運動にとって特別の意義 　◆原動力として 　◆連続的動力として	① 資本主義的生産の発展、② 近代的信用制度創出の前提のもと、利子生み資本が自立的姿態をもってあらわれる。 ◆信用制度の発展にともない、利子生み資本のとる形態変化がすすむ。 ◆発達した資本主義国ではその大部分が利子生み証券の形態をとる。 ◆moneyed capital 　＝貸付け可能な資本 ＋ 利子生み資本
資本を前貸しし、利潤が生まれる。 $G-W\cdots P\cdots W'-G'$	将来予想される収益を資本還元して、現在の資本価値を計算する。"現在価値に割り引く。"
● 資本は自ら生産した剰余価値を追加投資して資本蓄積を進める。＝資本所有の増加 ● 利潤率均等化や、その部面の飽和状態などから、増大率は制約される。	● 所有は株式の形で存在する。その移転は取引所投機の結果。 ● 株式取引や株式発行などのペテンと詐欺の全制度を再生産する。私的所有の規制なき私的生産。
● 資本主義的生産 ● 資本の流通 ● 資本の蓄積、集中、それらの過程の内部に信用と信用制度を生む契機が生まれ、発展する。	● 信用は資本を土台とする上部建築となる。 ● 再生産過程での貨幣の前貸しが借りた貨幣の前貸しとして現れる。 ● 資本の処分権は、仲介者としての銀行業者の手に握られてしまう。
実体的な蓄積は再生産的資本の諸要素そのものでおこなわれる。	moneyed capital の蓄積は直接には常に貨幣形態でやられる。だから、信用制度の発展や貨幣業務の巨大な集積は、必然的に moneyed capital の蓄積を現実の蓄積とは異なった形として促進する。 　◆ 銀行制度の普及により、収入も貸付け可能資本に転化させる。 　◆ 銀行信用そのもの、信用創造により、自らの負債増により貸出しを増やす。 　◆ 証券市場の発達により、資本蓄積と全くかかわりない国家の負債などが m、c となる。 　◆ 利子生み資本および信用制度の発展につれて、同一資本、同一債権がさまざまな手中でさまざまな形態であらわれるようになり、これら資本が 2 倍、3 倍になるように見える。

		◆ 生産資本の蓄積 → 剰余価値増大 → moneyed capital 蓄積 という筋道だけでなく、生産資本の蓄積 → 信用制度の発展 → moneyed capital 蓄積 という筋道がある。
再生産過程は、不況、活況、繁栄、恐慌の局面を経る産業循環。	不況期…生産資本は収縮、貸付け可能資本は拡張 繁栄期…生産的資本拡張、貸付け可能資本は豊富…同時出現 恐慌期…再生産過程まで生産的資本過剰、貸付け可能資本は収縮、利子最高 　全体としてみれば moneyed capital の運動は生産的資本の運動と逆である。 　現実の蓄積がたえず拡張されているときに、貨幣資本の蓄積の拡張は、α）一部は、現実の蓄積の拡張であり、β）一部は、それにともなってはいるが、それと全く違った諸契機結果でもありうる。 　現実の蓄積からの独立性により、循環の一定局面で moneyed capital の過多が発展する。 　それは生産過程を資本主義的制限を乗り越え、駆り立てることの必然性を発展させる。	
	架空資本の価格 　◆ 請求権、所有権原が価格をもって取引きされる。その価値は幻想的、それは資本還元。 　◆ 株式価格は投機的要素がある。 　◆ 所有は株式の形で存在、その移転は取引所投機の結果。 　◆ 信用制度のもつ二面性、第二は、純然たる詐欺制度、ばくち制度を発展させる性格。	
全恐慌が信用恐慌および貨幣恐慌としてあらわれる。	バブルの崩壊…貨幣市場逼迫のとき、有価証券の下落は二重に起こる。①利子の上昇、②換金のためこれら大量が市場に投げ込まれるから。	

リーマン危機10年後の世界経済とアベノミクス

2019年8月23日　初版第1刷発行
著　者　工藤　晃
発行者　新舩　海三郎
発行所　株式会社 本の泉社
　　　　〒113-0033　東京都文京区本郷2-25-6
　　　　TEL. 03-5800-8494　FAX. 03-5800-5353
印　刷　新日本印刷 株式会社
製　本　株式会社 村上製本
DTP　　木椋　隆夫

乱丁本・落丁本はお取り替えいたします。本書の無断複写（コピー）は、著作権法上の例外を除き、著作権侵害となります。

ISBN978-4-7807-1939-0　C0033